Thomas Eglinski • Sebastian Raß • Dr. Andreas Wittke • Marius Dordowsky

DEINE FUSSBALL SCHULE

SO WIRST DU ZUM PROFI!

Das Beste aus Technik, Athletik und mentaler Stärke

AF203581

INHALTSVERZEICHNIS

Einleitung 8

Deine Experten 10
    Marius Dordowsky 10
    Thomas Eglinski 10
    Sebastian Raß 11
    Dr. Andreas Wittke 11

Mentalität 12
    Die 10 000-Stunden-Regel 14
    Bewusstes Trainieren 15
    Mentalität beinhaltet mentale Stärke! 17
    Ziele setzen 20

Technik-Training 22
    Ballgefühl 24
    Jonglieren 24
    Ballhandling 27
        Spann vor, Sohle zurück 27
        Fußgelenksbeweglichkeit 29
        Ballkreisel 31
        Dodo-Kreisel 32

    Dribbling 34
    Sohlenwischer im Gehen 34
    Rückwärts hinter dem Standbein 37
    Sohlenzieher seitwärts 38
    Stepoverschritte 40
    Inside-Outside 41

Finten 41

   1. Vorderfuß 42

   2. Shoulder-Drop 42

   3. Timing 42

   4. Tempowechsel 43

   5. Richtungswechsel 43

   6. Ball vorlegen 43

   7. Richtung/Winkel 43

   8. Blickfinte 43

  Körpertäuschung 44

  Robinho 46

  Schere 48

  Figo 50

  Messi-Turn 52

  Thiago 54

  Zidane 56

  CR7-Chop 58

  Elastico 60

Passspiel 62

  Flacher Innenseitpass 62

  Flugball 64

   1. Der Anlauf 65

   2. Ausholen und Standbein 65

   3. Treffpunkt von Ball und Fuß 66

   4. Ausschwingen 67

  Flacher Spannpass 68

   1. Unterschied: Der Anlauf 68

   2. Unterschied: Treffpunkt Ball 68

   3. Unterschied: Oberkörper 68

  Flanke (mit Schnitt) 70

   1. Der Anlauf 70

   2. Ausholen und Standbein 71

   3. Treffpunkt von Ball und Fuß 72

   4. Ausschwingen 73

Ballverarbeitung 75

  Grundsätzliche Ballverarbeitung 75

  Tipps für die unterschiedlichen Nutzflächen 76

    Innenseite/Außenseite 76

    Oberschenkel 76

    Brust 76

Schießen 78

  Vollspann 78

    1. Der Anlauf 79

    2. Ausholen und Standbein 79

    3. Treffpunkt von Ball und Fuß 80

    4. Ausschwingen 81

  Innenseitstoß 82

  Schlenzer 84

    1. Der Anlauf 84

    2. Ausholen und Standbein 85

    3. Treffpunkt von Ball und Fuß 86

    4. Ausschwingen 86

  Volley 90

  Knuckle-Ball 92

    1. Der Anlauf 92

    2. Ausholen und Standbein 93

    3. Treffpunkt von Ball und Fuß 94

    4. Ausschwingen 94

Athletiktraining 96

  Dranbleiben 96

  Zubehör 97

  Grundposition und Ausführung 97

Stabilität 98
   Standwaage 98
   Pässe im Ausfallschritt 99
   Unterarmstütz mit Rudern 100
   Brustpass – einbeinig 101
   Rudern im Seitstütz 102

Beweglichkeit 102
   Handlauf 102
   Knie umarmen 103
   Beinschaukeln 104

Schnelligkeit: Erkennen, Handeln und Reagieren 106
   Schnellkraft 106
      Kniesprünge 106
      Lean – Fall – Run 107
      Run with Resistance 108
      Aufsteigesprünge frontal 109
      Sprints aus verschiedenen Positionen 110
         Sprint aus dem Liegestütz 110
         Sprint mit einer 180-Grad-Drehung 110
         Sprint mit einer 90-Grad-Drehung 111
   Reaktionsfähigkeit 112
      Liniensprünge 112
      Shuttle-Sprint 113

Ernährung und Schlaf 114
   Basisernährung 114
   Ernährung vor der Belastung 117
   Ernährung während der Belastung 117
   Ernährung nach der Belastung 117
   Regeneration 118

Danke! 120

Einleitung

Seit 2011 bilden wir am Deutschen Fußball Internat (DFI) in Bad Aibling junge Fußballer aus. In den ersten acht Jahren des Bestehens des DFI sind über 80 Internatsschüler zu Fußballnachwuchsleistungszentren (NLZ) von europäischen Profivereinen gewechselt. All diese Fußballer hatten eines gemeinsam: Vor der Aufnahme am Deutschen Fußball Internat hatten sie bei keinem NLZ eine Chance. Erst durch die Ausbildung am DFI haben sie die Konkurrenz in den NLZs der Profivereine überholt und sich dort einen Platz gesichert.

Du fragst dich jetzt sicherlich, was nun die Besonderheit beim Training am Deutschen Fußball Internat ist? Wie konnten die vermeintlich schwächeren Spieler diejenigen in den Profivereinen überholen? Und kann man das auch schaffen, wenn man nicht am DFI trainiert?

Du kannst dir sicher sein, jeder Spieler – auch du – kann den Sprung zu einem Profiverein schaffen. Dabei ist es egal, wo und mit wem du trainierst. Wichtig ist nur, dass du richtig trainierst.

Was zeichnet einen Profifußballer heute aus? Es sind die perfekte Fußballtechnik, seine athletischen Fähigkeiten wie Schnelligkeit, Kraft und Ausdauer sowie eine außergewöhnliche Mentalität. Zum Glück lassen sich all diese Eigenschaften alleine oder gemeinsam mit deinem besten Freund, deinen Eltern, deinem Bruder oder jedem anderen Partner trainieren. In diesem Buch haben wir für dich über 40 Trainingseinheiten erstellt, die dir auf deinem Weg zum Profi helfen werden. Neben den bebilderten Übungen findest du auch bei jeder einzelnen Übung einen QR-Code. Wenn du diesen mithilfe deines Handys scannst, wird das Video zu der jeweiligen Trainingsübung auf deinem Handy abgespielt.

Der entscheidende Faktor für deinen persönlichen Erfolg sind neben deinen körperlichen vor allem deine mentalen Fähigkeiten. Du musst bereit sein, dir Ziele zu stecken, und sie dann auch erreichen. Dabei werden wir dir helfen und dir zeigen, wie du das machst. Stimmt deine mentale Einstellung, dann geht es los mit dem technischen und körperlichen Training. Genau diesen Weg ist auch der absolute Ausnahmespieler Cristiano Ronaldo gegangen und er verfolgt ihn bis heute. Denn trotz oder gerade wegen seines außergewöhnlichen Erfolges ist er dafür bekannt, dass er der Erste ist, der das Trainingszentrum betritt, und der Letzte, der es verlässt. Er trainiert mehr als alle anderen Fußballer dieser Welt und hat seinen gesamten Lebensstil (Ernährung, Schlaf, etc.) dem Erfolg untergeordnet. Er ist und war immer bereit, mehr zu tun als alle anderen. Bist du es auch? Wenn ja, dann unterstützen wir dich auf deinem Weg zum Profi.

Deine Experten

Marius Dordowsky →

... ist seit 2013 hauptamtlicher Trainer am Deutschen Fußball Internat und fungierte dabei unter anderem als Kleinfeldkoordinator und U13-Chef-Trainer. Als Chef-Technik-Trainer des DFI spezialisiert sich der DFB-Elite-Jugend-Lizenz-Inhaber bereits seit Jahren auf das Training der Technik. Der Fußball-management-Student konnte seine Expertise in über 3500 Trainingseinheiten am DFI sammeln und arbeitet dabei stets nach dem Motto: „A player doesn´t care how much his coach knows, until he knows how much he cares."

← Thomas Eglinski

... ist seit mehr als 25 Jahren im Fußball tätig. In dieser Zeit hat er mit Nationalspielern wie Mario Basler, Bruno Labbadia, Horst Heldt, Marco Bode, Jens Jeremies und vielen anderen Topspielern zusammengearbeitet. Er hat die größte und erfolgreichste Fußballschule Europas und das Deutsche Fußball Internat gegründet. Er ist ein Experte in Sachen Mentalität geworden und wird dir zeigen, wie auch du zu einem Mentalitätsmonster wirst.

Sebastian Raß

... ist Fußballer durch und durch. Als Mitbegründer und Geschäftsführer des renommierten Deutschen Fußball Internats in Bad Aibling lebt der Diplom-Sportökonom und Fußball-A-Lizenz-Trainer seine Leidenschaft jeden Tag voll aus. Dabei gilt seine größte Motivation der optimalen Ausbildung junger Fußballer und begeisterter Jugendlicher sowie der Schaffung von idealen Rahmenbedingungen für deren Ausbildung.

Dr. Andreas Wittke →

... ist wissenschaftlicher Leiter am Deutschen Fußball Internat und gibt dort seine Erfahrungen aus der Arbeit im Profisport bei Bundesligisten im Fußball und Handball und aus der Forschung weiter. Er unterstützt insbesondere heranwachsende Leistungssportler in ihrer athletischen und menschlichen Entwicklung. Dr. „Andi" Wittke ist selbst begeisterter Sportler und nimmt seit über 20 Jahren an diversen Ausdauerwettkämpfen teil. Mit seiner Familie lebt er im Chiemgau.

Mentalität

*Was du über „Deine Fußballschule"
wissen solltest!*

Du hältst dieses Buch in Händen, weil
Fußball deine Leidenschaft ist und
weil du Fußball-Profi werden willst?
Dann ist „Deine Fußballschule" genau
das richtige Buch für dich.
In „Deine Fußballschule" findest du
nicht nur die wichtigsten Übungen
eines zukünftigen Fußballprofis in
Wort und Bild erklärt – wir haben auch
zu jeder Übung das passende Video
erstellt, damit du dir genau anschauen
kannst, was in der Umsetzung wirklich wichtig ist.
Bevor du jedoch mit den Übungen

startest, solltest du dir bewusst
machen, worauf es beim Trainieren
tatsächlich ankommt. Ich weiß, du
bist neugierig und würdest am liebs-
ten gleich loslegen, doch trainieren
und bewusst trainieren sind zwei
Paar Schuhe – das ist ein gewaltiger
Unterschied! Und diesen Unterschied
solltest du kennen, bevor du dich an
dein Training machst.
Nur richtiges und vor allem bewusstes Training macht dich zum Profi.
Ein kluger Spieler weiß: Übung allein
macht noch lange keinen Meister. Nur
qualifiziertes, also richtig gutes und
bewusstes Training macht dich zu
einem wahren Profi. Das gilt übrigens
für alle Lebensbereiche, egal ob es
sich um Fußball, eine andere Sportart,

Musik oder ein Handwerk handelt. Um gut und vor allem stetig noch besser in einer Sache zu werden, muss man qualifiziert (richtig und bewusst) trainieren.

Es kommt auf das Wie an!

Du erfährst in diesem Buch, was beim Üben wirklich wichtig ist und wie du von Tag zu Tag ein noch besserer Spieler wirst. Du erfährst, warum Mentalität Qualität schlägt. Und du lernst, wie du ein Mentalitätsspieler mit einer enormen mentalen Stärke wirst.

Merke: Nicht dein Talent macht dich zum Profi, sondern die Art und Weise, wie du dein Talent trainierst.

Nicht Talent führt zur Meisterschaft, sondern Training. Meister sind keine geborenen Talente oder gar Genies, sondern ganz „normale" Menschen, die sich ausschließlich durch qualifiziertes Training zu den Besten entwickelt haben. Das galt übrigens auch für Michael Jordan, Dirk Nowitzki, Cristiano Ronaldo, Lionel Messi und alle anderen, die als die Besten ihrer Zunft in die Geschichte eingegangen sind.

Ob du das Zeug zum Profi hast, hängt also weniger von deinem Talent ab, entscheidend ist die Art und Weise, wie du trainierst, und somit auch deine Mentalität. Denn Mentalität kommt vor Qualität. Oder anderes ausgedrückt: Talent ist, was man daraus macht. Mentalität macht dich zum Profi!

Am Deutschen Fußball Internat (DFI) und in vielen Nachwuchsleistungszentren definieren wir Mentalität als ein Dream-Team aus elf ganz besonderen Fähigkeiten: Diese elf Fähigkeiten heißen Selbstvertrauen, Ziele, Tatkraft, Disziplin, Teamgeist, Dankbarkeit, Weiterbildung, Verantwortung, Respekt, Kreabilität – die Verbindung aus Flexibilität und Kreativität – und Spielfreude. Es sind ausschließlich diese Mentalitätsfaktoren, die junge Fußballer zum Erfolg führen. Am DFI nennen wir diese elf Positionen auch die „11 Freunde", weil sie tatsächlich die besten Freunde und Begleiter eines jungen Spielers sind. Und wenn du jede einzelne Position gezielt trainierst, machst du sie fit für die Leistungsanforderungen, die an Fußballprofis gestellt werden. Talent ist also nicht mehr als eine Möglichkeit, die durch gezieltes Training entsteht.

Das Wörterbuch beschreibt Talent als angeborene Begabung, die zu überdurchschnittlichen Leistungen auf einem bestimmten Gebiet befähigt. Das klingt nach einem Gottesgeschenk, mit dem die Nowitzkis, Einsteins, Ronaldos und Messis dieser Welt beglückt wurden. Ein Gottesgeschenk, das

großen Erfolgen den Weg ebnet, während alle anderen am Rand stehen und sich mit Durchschnittsleistungen zufriedengeben müssen.
FALSCH! Die Talentforschung ist heute weiter. Bereits Anfang der 90er-Jahre stellte der Psychologe Anders Ericsson gemeinsam mit Kollegen die „10 000-Stunden-Regel" auf.

Die 10 000-Stunden-Regel

Die 10 000-Stunden-Regel besagt, dass nicht das Talent zur Meisterschaft führt, sondern die Anzahl der Übungsstunden.
An der 10 000er-Marke trennen sich die Profis von den Amateuren. Hier verläuft die Linie zwischen Bolzplatz und Bundesliga, zwischen Konzertsaal und Wohnzimmer. Ein Profipianist hat mit 20 Jahren etwa 10 000 Übungsstunden in den Fingern, ein Amateur nur 2000. Ein erfolgreicher Fußballer läuft in jungen Jahren auf den Platz, wenn andere auf dem Sofa oder vor der Playstation sitzen.
Professor Ericssons Zahlen überzeugten den Wissenschaftsjournalisten Malcolm Gladwell, und er schrieb seinen Bestseller „Überflieger", in dem er erklärte, warum manche Menschen erfolgreich sind und andere nicht.
Er belegte, dass Wunderkinder nicht geboren, sondern trainiert werden.

Wie sein Vordenker Ericsson hält auch Gladwell Talent für überschätzt und weist nach, dass sich die Großen in Musik, Kunst, Wissenschaft und vor allem im Sport ihr Niveau durch ausdauerndes Üben erarbeitet haben.
Jeder kann zur Weltklasse aufsteigen, wenn er beharrlich die Grenzen seiner Fähigkeiten ausweitet.
Talent ist am Ende reine Übungs- und Willenssache. Ein Talent, das nicht richtig und bewusst trainiert, verschwindet in der Bedeutungslosigkeit. Wer es halten und entwickeln will, braucht Unterstützung: die „11 Freunde". Dieses Dream-Team aus Selbstvertrauen, Zielen, Tatkraft, Disziplin, Teamgeist, Dankbarkeit, Weiterbildung, Verantwortung, Respekt, Kreabilität und Spielfreude. Gemeinsam können sie Großes bewirken.

Nur Übung, im Sinne von Wiederholung, führt nicht an die Spitze.

Wir wissen heute, dass Menschen, die auf ihrem Gebiet zu den Besten der Welt zählen, tatsächlich über eine außerordentliche Gabe verfügen, die ihren Fähigkeiten zugrunde liegt. Jeder von uns wird mit dieser Gabe geboren. Als diese Gabe, dieses Talent, definieren wir die Anpassungsfähigkeit des menschlichen Gehirns und Körpers. Das bedeutet, dass sich durch intensives und bewusstes Üben die Strukturen und Verbindungen in unserer Schaltzentrale verändern. Je bewusster du etwas übst, desto mehr automatisieren sich Abläufe. Sicher, der eine muss vielleicht etwas länger trainieren als der andere, aber beide können ein ähnliches Niveau erreichen. Abgesehen von wenigen Bereichen, in denen Körpermaße ausschlaggebend sind, gilt: Spitzenleistungen sind eine Frage der Mentalität.

Die Mentalität bestimmt über den Erfolg der 10 000-Stunden-Regel

Wenn du deine Leistung ernsthaft steigern willst, musst du bewusst üben. Du brauchst klare Ziele, musst deinen inneren Schweinehund überwinden, deine Komfortzone verlassen und Disziplin zeigen. Wir fassen diese Faktoren unter dem Begriff bewusstes Trainieren zusammen. Er beschreibt

sie als Methode, um Weltklasse zu erreichen.

Am DFI setzen wir mit den „11 Freunden" um, was die Forschungen belegen: Talent wird durch konkrete, motivierende Ziele möglich, durch Disziplin, Tatkraft und Weiterbildung. Ein starkes Selbstvertrauen hilft dabei auch über Rückschläge und Niederlagen hinweg.

Das Team der Mentalität, die „11 Freunde", beeinflusst maßgeblich, welche Erfolgsaussichten ein junger Fußballer hat. Denn das sogenannte Talent wird als Viererkette gespielt: Spielfreude, Ziele, Tatkraft und Disziplin. Sie sind deine Wegbereiter in die Bundesliga.

Bewusstes Trainieren

Was genau verstehen wir unter bewusstem Trainieren?

Wenn ich Jungs beim Training zuschaue, sehe ich immer wieder den einen oder anderen Spieler, der zwar dabei ist, aber nicht mittendrin. Damit meine ich, dass dieser Spieler nicht bewusst, d.h. nicht mit dem richtigen Fokus und der entsprechenden Konzentration trainiert. Er macht eine Übung zwar mit, aber weder mit der notwendigen Konzentration und geforderten Intensität noch mit der richtigen Zielsetzung.

Beim Passspiel mit einer Auftaktbewegung kann man fast immer sehr gut beobachten, wer gerade BEWUSST trainiert und wer einfach nur die Übung absolviert.

Zahlreiche Spieler zeigen eine „Alibi-Auftaktbewegung". Sie machen einen eher schlampigen Schritt in irgendeine Richtung, ohne im Fokus zu haben, was Sinn und Zweck dieser Bewegung ist. Im Spiel soll sie dazu führen, dass der Gegenspieler getäuscht oder geblockt wird. Doch nur wer diese Bewegung im Training zielgerichtet trainiert, ist in der Lage, sie auch in einem Spiel umzusetzen.

Bei einer Passübung erkennt man mit einem Blick, wer einfach nur irgendeinen Pass spielt oder wer das konkrete Ziel hat, den Ball mit der richtigen Bewegung, stabilem Fußgelenk, der geforderten Präzision und dem richtigen Druck zu spielen.

Ist in einer Übung ein Torabschluss integriert, kann man ebenfalls sehr schnell feststellen, wer einfach nur auf das Tor ballert oder wer dies mit einem klaren Ziel, mit einem klaren Fokus und mit einem Ehrgeiz angeht, der den Unterschied macht.

Wer einfach nur der Form halber trainiert, der wird sich nicht großartig weiterentwickeln. Wer jedoch konzentriert, bewusst und mit klaren Zielen sein Training absolviert, der wird eine enorme Entwicklung erfahren. Zinedine „Zizou" Zidane zählt zu den ganz Großen im Fußball. Als Spieler schoss er die Franzosen 1998 zur Weltmeisterschaft und als Cheftrainer gewann er mit Real Madrid alle wichtigen Titel. Seine Erfolge führt Zidane auf seine Erziehung zurück. Er wuchs in bescheidenen Verhältnissen auf, aber sein Vater vermittelte ihm, worauf es wirklich ankommt. Er investierte in die Mentalität des jungen Zinedine, indem er ihm Leitsätze mit auf den Weg gab wie diesen: „Es gibt viele Jungs, die begabter sind als du, aber du schaffst es, wenn du genug an dir arbeitest. Mach alles richtig, immer und immer wieder."

Zinedine Zidane begriff früh, dass Erfolg nicht durch Zufall kommt, sondern durch Arbeit. Unzählige Stunden schoss er in seiner Kindheit den Ball gegen die Wand. Wieder und wieder. Konzentriert und fokussiert. Dieselbe Intensität verlangte er später von seinen Spielern: „Jedes kleinste Detail muss stimmen, damit alles stimmt. Das sage ich auch allen, die ich trainiere: immer wieder das Gleiche üben." Bewusst und qualifiziert. Wer nur übt, was er kann, bleibt, was er ist. Anfänger, Mittelmaß oder Fortgeschrittener. Auf dem eigenen Leistungsniveau lebt es sich bequem und entspannt. In vielen Bereichen

können wir uns auch genau damit zufriedengeben.

Aber sobald wir mehr wollen, mehr Leistung, mehr Anerkennung, mehr Möglichkeiten, mehr Erfolg oder den Wechsel an ein Bundesliga-Nachwuchsleistungszentrum, müssen wir unsere Komfortzone verlassen. Bewusstes Training legt es darauf an, uns Leistungen abzuverlangen, die unser aktuelles Niveau übersteigen. Leicht übersteigen. Dadurch drängt uns qualifiziertes Training immer wieder an unsere Leistungsgrenze und darüber hinaus. Das ist nicht besonders komfortabel, aber extrem effektiv. Unser Potenzial liegt jenseits unserer Komfortzone. Dort müssen

wir hin. Denn jenseits der Komfortzone liegen die wirklich guten Gefühle und der Erfolg.

Nun weißt du, warum die Mentalität unsere Trainingsphilosophie prägt. Wir stimmen erfolgreichen Trainern wie Pep Guardiola oder Jürgen Klopp zu: Mentalität entscheidet und sie lässt sich trainieren!

Mentalität beinhaltet mentale Stärke!

Mentale Stärke bedeutet, unabhängig von den Bedingungen stets seine Bestleistung abrufen zu können – auch bzw. besonders nach einem Fehler oder einem Rückschlag. Doch wer erst nach einem Fehler beginnt, darüber nachzudenken, wie er wieder auf die Siegerstraße zurückkehrt, der verliert nicht nur wertvolle Zeit, der verliert in aller Regel auch das Spiel. Mentales (geistiges) Training bedeutet, dass du bereits vor einem Wettkampf mögliche Szenarien durchspielst. Du siehst dich dabei vor deinem inneren Auge dein Spiel bestreiten. Siehst, wie du Zweikämpfe gewinnst, Tore schießt oder Bälle aus dem Winkel fischst.

Mentales Training bedeutet jedoch auch, im Rahmen solch geistiger Vorstellungen (auch Visualisierungen genannt) Situationen durchzuspielen, die wir gerne als Herausforderung bezeichnen: Ein schlechter Schiedsrichter, unfaire Gegenspieler, ein provozierendes Publikum, grauenhafte Witterungsverhältnisse, ein völlig überlegen erscheinender Gegner, aber auch Fehler, die wir machen und die unter Umständen dazu führen können, dass wir unser Selbstvertrauen und unser Spiel verlieren. Beim mentalen Training lernst du, wie du gerade in kritischen Situationen und bei Herausforderungen souverän reagierst. Du lernst quasi zuerst in deinem Kopf, dass Fehler etwas völlig Normales sind. Ein Fehlpass? Na und? Ein verschossener oder verschuldeter Elfmeter? Na und? Ein Rückstand? Na und? Jetzt erst recht!

Wer kritische Situationen immer und immer wieder in Gedanken durchspielt und sie dabei stets erfolgreich bewältigt, der entwickelt im Laufe der Zeit exakt die mentale Stärke, die den Unterschied macht. Und eine herausragende mentale Stärke ist der Türöffner für den Profifußball!

Beispiel gefällig? Stell dir vor, die letzte Spielminute läuft, es steht 0:0, und es gibt einen Elfmeter für deine Mannschaft. Sieg oder Niederlage entscheiden über den Gewinn der Meisterschaft. Bist du bereit anzutreten? Wenn du diese Situation bereits mehrfach im Kopf durchgespielt hast (dich also mental darauf vorbereitet hast), schnappst du dir den Ball, du spürst dein Selbstvertrauen, weißt genau, was du zu tun hast, und haust den Ball ins Tor.

Während viele Spieler in kritischen Situationen oft Nervenflattern oder gar Angst vor dem Versagen bekommen, machen mental vorbereitete (trainierte) Spieler einfach ihr Ding.

👊 Experten-TIPP

Hast du mental eine Herausforderung gemeistert, setze einen sogenannten Anker. Ein Anker kann zum Beispiel eine bestimmte Bewegung sein, wie zum Beispiel eine Siegerfaust oder ein leichter Faustschlag auf die Brust. Mit diesem Anker besiegelst du deine mentale Stärke. Du schließt mit einem Anker eine erfolgreich gemeisterte Herausforderung ab. Je häufiger du das trainierst, desto eher wirst du spüren, dass dir dein Anker Energie verleiht und dich positiv stimmt. In herausfordernden Situationen reicht dann häufig allein das Setzen deines Ankers, um dich sofort wieder „on track", d. h. in die Spur zu bringen.

Ich garantiere dir eines: Ohne mentale Stärke hast du nicht den Hauch einer Chance, im Profifußball anzukommen! Mentales Training stellt heutzutage demnach keine Option mehr dar – sie ist für einen Fußballer, der an die Spitze strebt, so wichtig wie das reine Fußballtraining, die Ernährung und/oder der Schlaf!

Das wahre Vermögen des mehrfachen Weltfußballers Cristiano Ronaldo hat nichts mit den Millionen zu tun, die er bei den besten Klubs der Welt verdiente, nichts mit seinen Villen oder mit den Luxuskarossen in seinen Garagen. Cristiano Ronaldos größter Schatz ist seine Mentalität – insbesondere sein Selbstvertrauen. CR 7 verkörpert Selbstvertrauen wie kaum ein anderer Spieler und sagt über sich: „Ich sehe mich als den besten Fußballer der Welt."

Ob er wirklich der beste ist, darüber können Fußballfans stundenlang diskutieren, aber in diese Diskussion wollen wir hier nicht einsteigen. Wir wollen uns auf etwas viel Entscheidenderes konzentrieren: auf die Mentalität von Cristiano Ronaldo. „Ich trainierte so, als könnte ich der beste Spieler der Welt werden", erinnert sich Cristiano Ronaldo.

Von der Kunst des qualifizierten und bewussten Trainierens, des Meistertrainings, profitierst du nicht nur im Sport. Jeder Einzelne von uns kann in jeder Disziplin über sich hinauswachsen. Dieses Know-how gehört zum Grundwissen. Indem wir es anwenden, verinnerlichen wir, wie sich erfolgreiches Training gestaltet. In einer Welt, in der das sprichwörtliche „lebenslange Lernen" die Zukunft sichert, sollte uns bewusst sein, unter welchen Voraussetzungen unser Wissen und unser Können nachhaltig wachsen und wie wir es in verschiedenen Bereichen zur Meisterschaft bringen.

Zu erkennen, welche Kraft in deinen Gedanken steckt, wie deine Einstellung dein Leben lenkt und wie sich Ziele nach Plan verwirklichen lassen, gehört zu den wertvollsten Geschenken, die das Leben für dich bereithält. Es ist nahezu egal, ob du Talent hast. Worauf es am Ende wirklich ankommt, sind deine Spielfreude, deine Begeisterung für den Fußball, deine Ziele, deine Disziplin und dein Teamgeist –

allesamt Spielmacher aus dem Team der „11 Freunde", aus dem Team der Mentalität.

Wenn du dir nun die ersten (oder auch die nächsten) Übungen vornimmst, dann beachte bitte: Trainiere bewusst, beachte die Coaching-Punkte der Trainer, achte auf die perfekte Umsetzung, immer und immer wieder, und trainiere mit dem Ziel, nach dem Training auf jeden Fall besser zu sein als zuvor. Geschwindigkeit ist zu Beginn einer Übung nicht das Entscheidende. Die Übung zunächst einmal richtig auszuführen, das ist die Basis aller Verbesserungen. Schau dir die Bilder genau an, lies dir den Text durch, wirf einen Blick auf das dazugehörige Video und stelle dir anschließend in deinem Kopf vor, wie du die Übung korrekt und bewusst ausführst. Wenn du so Schritt für Schritt und Übung für Übung vorgehst, bist du auf dem besten Weg zu einem wahren Profi!

Und beachte: Nur mit Leidenschaft sind dauerhaft Spitzenleistungen möglich. Genieße daher dein bewusstes Training. Hab Spaß! Spaß und Freude an der Sache können dich in den „Flow-Zustand" führen. Als Flow-Zustand beschreiben wir das Gefühl völliger Vertiefung und Konzentration. Je mehr du dich auf das einlässt, was dir wichtig ist, desto größer ist deine Chance, Außergewöhnliches zu erreichen. Anders ausgedrückt: Wenn du etwas machst, dann mache es so gut wie möglich. Konzentriere dich, vertiefe dich, schöpfe den Moment aus und genieße dein bewusstes Training! Wenn du jetzt schon die ersten Übungen angehen willst, dann bitte: Auf geht's! Kehre anschließend aber noch mal zu diesem Kapitel zurück, weil ich dir noch einen der wichtigsten Spieler der „11 Freunde" vorstellen möchte, das Ziel ...

Ziele setzen

Die besten Fußballer der Welt hatten immer klare Ziele vor Augen. So wollte Oliver Kahn der beste Torwart der Welt und Cristiano Ronaldo der beste Fußballer aller Zeiten werden. Und nahezu jeder der heutigen Bundesligaspieler hatte einst das Ziel, Fußballprofi zu werden.

Weil du dieses Buch liest, hast du wahrscheinlich auch ein Ziel. Vielleicht ist es dein Ziel, ein besserer Fußballer zu werden. Möglicherweise willst du dich Schritt für Schritt verbessern und weiterentwickeln, um in einigen Jahren selbst ein Profi zu sein.

Ziele sind wichtig! Ziele treiben dich an, wecken deine Tatkraft und stärken deine Disziplin. Motivierende Ziele stärken dein gesamtes Team der Mentalität!

🔥 Experten-TIPP

Schreibe deine Ziele auf! Schriftliche Ziele haben eine viel stärkere Macht, sich zu verwirklichen. Und wenn du deine Ziele aufgeschrieben hast, überlege dir, was du nun konkret zu tun hast, um sie zu erreichen.

Beispiel gefällig? Nehmen wir mal an, eines deiner Ziele lautet: „Ich bin rechts wie links gleich stark und beidfüßig". Beidfüßigkeit ist genial, wer sie besitzt, hat eine außergewöhnliche Stärke. Wenn du dir diese Stärke zu eigen machen möchtest, solltest du sie entsprechend trainieren. Halte schriftlich fest, was du konkret dafür tun willst. Du könntest zum Beispiel schreiben: „Ich trainiere täglich 20 Minuten bewusst meine Beidfüßigkeit an der Ballprallwand (Hauswand, Garage)". Oder du könntest schreiben: „Ich agiere im Training bewusst beidfüßig, sowohl beim Torschuss als auch in Spielformen. So verbessere ich meine Beidfüßigkeit von Tag zu Tag".

Und hier ein weiteres Beispiel für ein Ziel: „Ich verbessere mein 1vs1 und mein Dribbling". Eins-gegen-eins-Spieler sind gesucht, sie sind die Spieler, die den Unterschied machen. Wenn du diese Stärke bei dir entwickeln willst, dann halte schriftlich fest, was du dafür konkret zu tun hast. „Ich trainiere jeden Tag bewusst 10 Minuten Tricks und Finten, wie den Ronaldo

Chop, den Zidane oder den Figo". Deine schriftlichen Ziele erinnern dich jeden Tag daran, was du zu tun hast. Mach deine Ziele daher sichtbar, häng sie in deinem Zimmer auf oder klebe kleine Zettel an den Badezimmerspiegel. Schriftliche Ziele bringen dich zum Handeln.

Und was, glaubst du, geschieht, wenn du jeden Tag 10 Minuten die besten Finten und Tricks übst und wenn du in jedem Training gezielt an deiner Beidfüßigkeit arbeitest? Dann wirst du von Tag zu Tag besser werden! Und wenn du dranbleibst, d.h. bewusst trainierst und die 10 000 Stunden anpackst, dann wirst du eines Tages tatsächlich ein Fußballprofi sein.

Technik-Training

Im folgenden Kapitel findest du einen genauen Einblick in den Bereich der „Technik", genauer gesagt, in die Balltechnik. Aber wofür steht Balltechnik eigentlich und warum ist sie überhaupt so wichtig?

Sie umfasst alle Aktionen im Umgang mit dem Spielgerät. Die Ballverarbeitung, also das An- und Mitnehmen des Balles, das Dribbling, das Passspiel, wie der kurze Innenseitpass, die Flanke oder ein Flugball, sowie Schießen und Kopfball.

In all den genannten Bereichen musst du ein Meister werden! Oder kennst du einen Weltklassespieler, der keine gute Technik hat? Der saubere Umgang mit dem Ball ist die absolute Grundvoraussetzung! Du kannst dir an dieser Stelle also schon einmal merken: Keine Technik, keine Chance! Das was im Fußball zählt, ist immer der Ball!

Der absolute Schlüssel, um ein guter Techniker zu werden, ist die Wiederholung. Du hast in diesem Buch bereits gelernt, wie viele Stunden du investieren musst, um ein Spezialist in deinem Fach zu werden. Dein Fach ist der Ball und du musst sein Meister werden! Wiederhole die Technikübungen also immer wieder und wieder.

Und höre vor allem nie damit auf. Auch nicht, wenn du bereits richtig gut bist. Denn die Technik muss gepflegt werden. Deine Technik entwickelt sich mit dir weiter. Pflege deine Technik regelmäßig mit Hingabe, und du wirst merken, dass du ein viel besserer Fußballer wirst! Übrigens: Am Deutschen Fußball Internat pflegen die Spieler ihre Technik durch das Individualtraining jeden Tag!

Und zwar beidfüßig! Jeder Spieler am DFI macht alle seine Übungen im technischen Bereich mit beiden Füßen. Spieler wie Ousmane Dembélé vom FC Barcelona zeigen dir, welch enormen Vorteile dir die Beidfüßigkeit bringt. Wenn du mit beiden Füßen etwa gleich stark am Ball bist, bist du für alle deine Gegenspieler deutlich unberechenbarer. Das gilt fürs Dribbling genauso wie für den Torabschluss oder auch dein Passspiel. Außerdem ergeben sich für dich viel mehr Optionen auf dem Spielfeld. Trainiere deinen „schwachen Fuß" also immer mit und mache aus dir einen beidfüßigen Spieler!

Um dein Training möglichst effizient zu gestalten, solltest du eine gewisse Methodik einhalten. Damit ist gemeint, wie du dein Training aufbaust, es steuerst und steigerst. Folgende Regeln solltest du beim Erlernen von Techniken immer einhalten:

1. Beginne immer mit dem Leichten und steigere dich dann zum Schwierigen.

Beispiel: Wie du bei den Goldenen Finten sehen wirst, starten wir mit der leichtesten Finte und enden bei der schwersten.

2. Beginne immer langsam und steigere dann zu einer schnelleren Ausführung.

Beispiel: Wenn du eine Finte gut beherrschst, solltest du versuchen, sie in einem höheren Tempo auszuführen. Und jetzt viel Spaß beim Lernen und Trainieren!

Ballgefühl

Die Grundlage für die Balltechnik bildet das Ballgefühl. Um später den perfekten Pass, den perfekten Schuss oder die perfekte Finte zu erlernen, musst du zuallererst dein Gefühl für den Ball verbessern. Wie das geht, lernst du mit folgenden Übungen.

Jonglieren

Das Jonglieren erhöht deine Qualität in unterschiedlichsten Bereichen: Du schulst dein Körpergefühl, verbesserst deine Koordination, pflegst dein Ballgefühl und deine Beidfüßigkeit. Du lernst den Ball besser zu berechnen, beispielsweise wie du ihn treten musst, damit er sich auf eine bestimmte Weise dreht. Außerdem lernst du die diversen Nutzflächen deines Körpers anzuwenden. Denn beim Jonglieren können wir nahezu alle Flächen benutzen: den Spann, die Innenseite, die Außenseite, ja sogar die Hacke. Darüber hinaus noch Oberschenkel, Schultern, Brust und Kopf. Beim Jongliertraining solltest du dich unbedingt an den „ersten Methodik-Grundsatz" erinnern. Beginne mit dem Leichten und steigere dich dann zum Schwierigen. Solltest du beispielsweise noch Probleme haben, den Ball durchgehend in der Luft zu halten, kannst du anfangs Folgendes tun:

Lasse den Ball einfach zwischen den Kontakten immer wieder auf dem Boden aufprallen und führe dein „Jonglieren" dann fort. Wenn du dies sauber beherrschst, sollte es dein Ziel sein, möglichst lange jonglieren zu können, ohne dass der Ball den Boden berührt. Schaffe deinen persönlichen Wettbewerb mit dir selbst. Schaffst du problemlos 50 Kontakte, so ist dein Ziel beim nächsten Versuch 70 Kontakte. Wenn du regelmäßig versuchst, dich selbst zu besiegen, wirst du deine Bestmarke immer weiter hochschrauben. Beim Jonglieren gilt: Je höher deine Bestmarke, desto besser!

⚽ Ausführung

An dieser Stelle lernst du einige Formen des Jonglierens kennen, die dein Ballgefühl verbessern werden:

1. *Nur mit dem starken Fuß oder nur mit dem schwachen Fuß*
- Mit dem Spann
- Mit der Innenseite
- Mit der Außenseite

2. *Beide Füße im Wechsel*
- Immer einen Kontakt
- Mit zwei Kontakten (rechts, rechts, links, links)
- Mit drei Kontakten (rechts, rechts, rechts, links, links, links)
- Mit zwei Kontakten und einem Kontakt im Wechsel (rechts, rechts, links)

3. Nur mit den Oberschenkeln (nur mit einem oder rechts, links im Wechsel)
4. Nur mit dem Kopf
5. Komplexaufgaben
- Kleiner Kreis (rechter Fuß, Kopf, linker Fuß)
- Mittlerer Kreis (rechter Fuß, rechter Oberschenkel, Kopf, linker Oberschenkel, linker Fuß)
- Großer Kreis (rechter Fuß, Oberschenkel, rechte Schulter, Kopf, linke Schulter, linker Oberschenkel, linker Fuß)
- Jonglieren mit der Wand

Wenn du all diese Vorgaben problemlos beherrschst, solltest du dir neue Herausforderungen suchen, deiner Kreativität sind keine Grenzen gesetzt.

🔍 Tipps & Tricks

Wenn du mit dem Spann jonglierst, solltest du die Höhe des Jonglierens variieren. Versuche den Ball also mal nur minimal von deinem Fuß hochzuspielen, variiere dann auf Knie-, Hüft-

oder Kopfhöhe. Wenn du den Ball nur minimal hochspielen willst, musst du die Energie dafür aus einer nach oben und unten wippenden Fußspitze generieren. Die benötigte Kraft kommt aus dem Fußgelenk. (1, 2) Spielst du den Ball höher, brauchst du mehr Power. Das Fußgelenk als Kraftwerk reicht nicht mehr. Du musst dein Fußgelenk also fixieren und die Energie aus deinem Bein holen. (3, 4)

Variiere bei Knie- oder Hüfthöhe auch die Art, wie du den Ball spielst. Versuche den Ball mit viel „Backspin", also Rückwärtsdrall, zu spielen, ohne dass er dir herunterfällt. Versuche aber auch den Ball komplett ohne „Spin" zu spielen. Dann dreht sich der Ball in gar keine Richtung oder nur minimal um die eigene Achse. Er fliegt also gerade hoch.

Um den Ball mit viel „Backspin" zu spielen, musst du deine Zehenspitzen beim Ballkontakt deutlich höher ziehen. Außerdem muss der Ball anfangs möglichst nah bei dir sein. Wenn du dem Ball den richtigen Backspin gibst, wirst du merken, dass er von ganz allein nah bei dir bleibt, weil er sich aufgrund des Dralls nach jedem Kontakt wieder zu dir hinbewegt.

Um den Ball ohne jegliche Rotation zu jonglieren, musst du weiter weg von deinem Standbein jonglieren. Dein Bein muss also weiter nach vorne ausfahren. Strecke deine Fußspitze dabei weit nach vorne. Du kannst dein Fußgelenk und deinen Oberschenkel dabei fest lassen. Die Bewegung sollte aus deinem Knie erfolgen.

Für das Üben nur mit dem Kopf legst du deinen Kopf weit in den Nacken. Versuche den Ball sauber mit der Stirn ganz gerade nach oben zu spielen. Du musst die Energie für den Impuls auf den Ball aus den Beinen holen.

Wippe also immer wieder leicht mit den Knien hinein und drücke dich

in dem Moment, in dem du den Ball köpfst, leicht nach oben. Diese Bewegungen sollten aber nur ganz leicht sein. Da du nun immer nach oben schaust, wirst du merken, dass auch deine Arme automatisch mitagieren. Sie sollten sich leicht von deinem Körper entfernen, um das Gleichgewicht zu halten. (4, 5)

Das Jonglieren mit der Wand sollte immer wieder Bestandteil deines Trainings sein. Es schult deinen ersten Kontakt und dieser ist elementar wichtig im Fußball. Stelle dich dafür vor eine Wand und beginne frei zu jonglieren. Spiele den Ball zwischendurch immer wieder an die Wand, verarbeite den zurückkommenden Ball in der Luft und jongliere weiter. Irgendwann wirst du an dem Punkt sein, nach dem du keine Zwischenkontakte mehr benötigst. Du spielst den Ball also immer mit einem Kontakt wieder zurück an die Wand. Bedenke dabei, dass du selbst mit der Art und dem Winkel, wie du den Ball an die Wand spielst, darüber entscheidest, wie er zurückkommt und verarbeitet werden muss. Versuche dabei einen gleichmäßigen Rhythmus zu finden.

Wenn du dich sicher fühlst, probiere das Ganze auch mit einem Dropkick. Geh dafür relativ nah an die Wand, sodass deine Kontakte sehr fein sein müssen.

Nutze jede freie Sekunde, um den Ball in der Luft zu halten. Nimm auch mal andere Formen von Bällen dafür her und mach das Ganze auch mal barfuß.

Ballhandling

Einige Basic-Übungen, die wirklich jeder Kicker beherrschen sollte, werden dir im Folgenden gezeigt. Gestalte dein Training auch in diesem Bereich möglichst abwechslungsreich. Mache die Übungen also beispielsweise mit unterschiedlichen Formen von Bällen (Tennisball, Handball, Tischtennisball etc.). Wechsle außerdem dein Schuhwerk. Arbeite vor allem auch immer wieder barfuß!

🏃 Trainingstipps

Alle in der Einleitung erklärten Dinge, zählen nun. Beachte also die methodischen Regeln, die Wichtigkeit der Wiederholung sowie die Beidfüßigkeit. Wenn du die „Ballhandling-Übungen" gut beherrschst, solltest du versuchen, noch weitere Schwierigkeitsstufen zu integrieren. In der ersten Stufe solltest du die Augen vom Ball wegnehmen und nach vorne schauen. Wenn du dies gut beherrschst, kannst

du anfangen, deine Bewegung mit anderen Aufgaben zu kombinieren. Lasse dir von einem Trainingspartner beispielsweise Zahlen zeigen, die du nennen musst. Oder lasse dir Quizfragen stellen. Du kannst dir auch Gegenstände zuwerfen lassen, die du fangen und wieder zurückwerfen musst. Hier kannst du kreativ sein! Wenn du die Übungen gut ausführen und nebenbei noch andere Aufgaben lösen kannst, wirst du Automatismen entwickeln. Diese helfen dir dabei, im Umgang mit dem Ball intuitiv und schnell zu handeln, ohne darüber nachdenken zu müssen. Du verbesserst also dein Gefühl für den Ball.

Spann vor, Sohle zurück

Diese Übung machst du, damit deine Fußgelenke geschmeidig und präzise funktionieren können. Außerdem verbessern wir die allgemeine Koordination sowie das Gleichgewichts- und Rhythmusgefühl. Die Kontrolle des Balles wird ebenfalls besser.

⚽ Ausführung

Platziere den Ball zunächst eine halbe Schrittlänge vor deinem Spielfuß. Steige nun mit dem Fuß auf den Ball und kontrolliere ihn mit deiner Sohle. Jetzt ziehst du den Ball mit der Sohle zurück und spielst ihn mit dem Vollspann wieder sanft nach vorne. Diesen Ablauf wiederholst du ohne Unterbrechung oder Bewegungspause. (1–5)

🔍 Tipps & Tricks

Achte darauf, dass du schön auf dem Vorderfuß bleibst. Arbeite dabei mit kleinen Hüpfern, um dein Gleichgewicht zu behalten und schnell reagieren zu können. Die Fußspitze deines Spielfußes sollte im Moment des Nach-vorne-Spielens nach unten zeigen. Dein Fußgelenk klappt also nach unten, wie bei einem Vollspannschuss. Außerdem sollte dein Fußgelenk im Moment des Nach-vorne Spielens auch ganz minimal nach innen klappen. So gibst du dem Ball einen gefühlvollen Impuls statt eines groben Kontakts mit deinem großen Zehenknochen.
Achte hierbei unbedingt darauf, dass der Ball in einer geraden Linie von vorne nach hinten und von hinten nach vorne läuft.
Versuche einen gleichmäßigen Rhythmus zu finden. Der Takt deiner Hüpfer und Ballkontakte sollte gleichbleibend

sein. Auch die Impulse, die du auf den Ball überträgst, müssen immer die gleichen sein.

🏃 Variation

Variiere die Nutzfläche deines Fußes, mit der du den Ball nach vorne spielst. Benutze also nicht nur den Vollspann, wie beschrieben, sondern auch die Außen- und die Innenseite.

Für die Ausführung mit der Innenseite klappst du dein Fußgelenk nach außen. Achte auf eine gute Dosierung der Spannung, die du in deinem Fußgelenk hast. Dein Spielfuß muss fest sein, darf dabei aber unter keinen Umständen verkrampfen.

Bei der Ausführung mit der Außenseite klappst du dein Fußgelenk weit nach innen. Deine Fußspitze musst du weit nach innen drücken und nach unten Richtung Boden. Machst du es richtig, so spielst du den Ball sauber mit der großen Fläche deines Mittelfußes.

Beherrschst du diese Varianten, solltest du unterschiedliche Kombinationen aneinanderreihen. Beginne doch mit: Außenseite, Spann, Innenseite, Spann, Außenseite, Spann, Innenseite usw. Hier kannst du dir selbst ganz einfach neue Aufgaben stellen. Variiere auch die Richtung, in die du den Ball spielst. Spiele beispielsweise mit der Außenseite schräg nach rechts, mit dem Spann geradeaus nach vorne, und mit der Innenseite schräg nach links.

Fußgelenksbeweglichkeit

Diese Übung machst du, um die Beweglichkeit deines Fußgelenks zu schulen. Ziel ist es, dass das Fußgelenk weit nach innen und außen klappen und den Ball dabei mit viel Feingefühl behandeln kann.

⚽ Ausführung

Steige mit einem Fuß auf den Ball, sodass du ihn mit deiner Sohle kontrollierst. Achte darauf, dass der Ball vor deinem Standbein positioniert ist. Ohne den Kontakt zum Ball zu verlieren, solltest du den Ball nun von rechts nach links führen. Wenn der

Ball in Richtung deines Standbeines rollt, musst du dein Fußgelenk weit nach innen klappen und den Ball mit der äußersten Kante deines Fußes abstoppen. Die Fußkante zieht den Ball dann auch wieder in die andere Richtung. Hier musst du nun dein Fußgelenk nach außen klappen und den Ball mit deiner Innenseite zum Stoppen bringen. Im Anschluss ziehst du den Ball mit der Innenseite wieder in Richtung deines Standbeines. Der Ball pendelt also von rechts nach links. (S. 29, 1–2)

Tipps & Tricks

Entscheidend ist, dass du immer im Kontakt mit dem Ball bleibst. Nur für einen kleinen Moment, nämlich dann, wenn du den Ball auf die andere Seite rollst und dein Fußgelenk klappt, darfst du den Kontakt verlieren. Sorge für einen festen Stand. Wenn du das Ballhandling gut beherrschst, kannst du anfangen, mit deinem Standbein kleine Hüpfer zu machen. Finde hier einen gleichmäßigen Rhythmus. Achte darauf, dass du zu jeder Zeit mit dem Vorderfuß arbeitest. Dein Mittelfuß berührt den Ball zu keiner Zeit. Wenn du dich dabei sicher fühlst, versuche das Ganze doch einmal hinter deinem Standbein!

Steigerung

Wenn du diese Übung gut beherrschst, kannst du anfangen, die Sohlenarbeit mit anderen Aufgaben zu kombinieren. Integriere an dieser Stelle die Innenseite deines Standbeines. Führe mit deinem Spielfuß einmal die Fußgelenksübung aus. Du ziehst den Ball also einmal nach innen und dann wieder nach außen. Wenn sich der Ball außen befindet, spielst du ihn etwas kräftiger in Richtung deines Standbeines. Dieser spielt den Ball mit der Innenseite wieder zum Spielfuß, welcher wieder die Fußgelenksübung ausführt. Achte darauf, dass du mit deinem Standbein kleine Hüpfer machst. (1–4)

Ballkreisel

Bei dieser Übung schulen wir das saubere Führen des Balles und die allgemeine Beweglichkeit. Darüber hinaus trainierst du auch noch dein Gleichgewichts- und Körpergefühl.

⚽ Ausführung

Du kontrollierst den Ball mit der Sohle deines Fußes. Ziehe den Ball nun an deinem Standbein vorbei nach hinten. Mit einem flüssigen Übergang sammelst du den Ball hinter dir mit der Innenseite ein und führst ihn um dein Standbein herum. Wenn der Ball sich schräg hinter deinem Standbein befindet, gibst du ihm einen „Push" nach vorne. Nun rollt der Ball an deinem Standbein vorbei nach vorne. Ohne deinen Spielfuß abzusetzen, sammelst du den Ball wieder mit der Sohle vor deinem Standbein ein und ziehst ihn gleich wieder zurück, sodass der Ball permanent um dein Standbein herumkreist. (1–6)

🔍 Tipps & Tricks

Achte bei dieser Übung besonders auf einen festen Stand, damit du dein Gleichgewicht wahrst. Wenn du den Ball um dein Standbein herumführst, darfst du den Kontakt zum Ball nicht verlieren. Du musst ihn also „führen" und nicht „spielen". Dein Fußgelenk muss jetzt immer wieder flexibel und ganz fein auf die Bewegung des Balles reagieren.

Führe den Ball auch in die andere Richtung um deinen Fuß herum. Du wirst merken, dass der Ballkreisel in die andere Richtung deutlich

schwieriger ist. Wenn es dir schwerfällt, kannst du mit der Spitze deines Standfußes ein wenig mitgehen. Dann wird dir die Ausführung auch in diese Richtung gelingen. (1–6)

Dodo-Kreisel

Mit dieser Übung kombinieren wir den Ballkreisel und die Fußgelenksbeweglichkeit. Der koordinative Anspruch ist hier sehr hoch.

⚙ Ausführung

Beginne mit einem Fuß auf dem Ball. Du kontrollierst ihn mit der Sohle. Nun ziehst du den Ball mit der Sohle am Standbein vorbei nach hinten. An dieser Stelle fängst du den Ball mit der Innenseite ein. Diese führt den Ball hinter dein Standbein, wo du den Ball mit der Außenseite abstoppst. Die Außenseite führt den Ball in die andere Richtung zurück, wo die Innenseite den Ball abfängt. Mit dieser spielst du den Ball dann schräg nach vorne, an deinem Standbein vorbei. Der nach vorne rollende Ball wird, mit einem kleinen Hüpfer um die eigene Achse,

wieder vom Spielfuß mit der Sohle eingesammelt. Die Bewegung startet von vorne. (1–8)

🔍 Tipps & Tricks

Achte auf einen festen Stand. Dein Knie darf nicht durchgedrückt sein, ansonsten fällt es dir viel schwerer, im Gleichgewicht zu bleiben. Du solltest die Übung für die Fußgelenksbeweglichkeit hinter deinem Standbein perfekt beherrschen!

Teile dir den Bewegungsablauf in vier Teilschritte ein:

1. Sohlenzieher nach hinten,
2. Fußgelenksübung nach innen,
3. Fußgelenksübung nach außen,
4. Ball nach vorne spielen und Hüpfer. Nutze deine Arme, um dein Gleichgewicht zu wahren. Wähle die Größe deines Hüpfers und deiner Drehung so, dass du mit drei sauberen Ausführungen wieder an deiner Ausgangsposition landest.

Dribbling

In diesem Abschnitt zeigen wir dir, wie du dein Dribbling verbessern kannst. In erster Linie geht es hier um eine saubere Ballkontrolle und einen guten koordinativen Ablauf. Die im Folgenden gezeigten Übungen solltest du im Schlaf beherrschen. Sie bilden das Grundgerüst für das, was ein guter Kicker können muss.

🏃 Trainingstipps

Alles aus der Einleitung Techniktraining zählt auch hier. Beachte unbedingt den zweiten „methodischen Grundsatz". Beginne die Übungen in gemäßigtem Tempo. Je wohler und sicherer du dich bei der Ausführung fühlst, desto höher kannst du das Tempo schrauben. Bei den Dribbling-Übungen kommt noch ein weiterer Trainingstipp hinzu. In der ersten Stufe nimmst du einfach die Augen vom Ball weg und schaust nach vorne. Dein Kinn darf nicht an deiner Brust sein!

Sohlenwischer im Gehen
⚽ Ausführung

Kontrolliere den Ball mit der Sohle, ein Stück weit von deinem Standbein entfernt. Die Schultern sind dabei schräg zur Ballseite ausgerichtet. (1)
Mit einem Sohlenwischer ziehst du den Ball diagonal nach vorne, in Richtung deines anderen Fußes. (2, 3)
Der Ball soll unter dir und zwischen deinen Beinen hindurchrollen. Nun fängst du den Ball mit dem anderen Fuß ein und ziehst ihn wieder mit

einem Sohlenwischer in die andere Richtung. (4–6) Diesen Ablauf wiederholst du viele Male.

🔍 Tipps & Tricks

Übe anfangs im Gehen, um ein Gefühl für den Ablauf zu entwickeln. Achte darauf, dass sich dein Oberkörper immer in Richtung Ball ausrichtet. (2) Beachte, dass du den Ball bei dieser Übung nicht führst! Gib dem Ball einen kleinen „Push", sodass er sich diagonal nach vorne bewegt. (4–6) Achte darauf, dass du deinen Schritt richtig setzt! Nach deinem kleinen „Ballpush" sollte dein Fuß in die entgegengesetzte Richtung schreiten. Spielst du den Ball also diagonal nach links, setzt du deinen Schritt diagonal nach rechts. (1–3)

Du bewegst dich also breitbeinig. Sobald du ein Gefühl dafür entwickelt hast, wie du den Ball spielen musst, wirst du merken, dass du deinen Schritt auch gerade nach vorne setzen kannst. Deine Füße werden dir mit ein wenig Übung nicht mehr im Weg sein. Finde einen gleichmäßigen Rhythmus. Dein Ballkontakt, deine Schrittlänge und deine Schrittfrequenz sollten immer wieder identisch sein.

Rückwärts hinter dem Standbein

⚽ Ausführung

Kontrolliere den Ball mit der Sohle. (1) Ziehe den Ball nun leicht nach hinten an deinem Standbein vorbei. In dem Moment, in dem du deinen Fuß am Boden absetzt, spielst du den Ball mit einem sanften Innenseitkontakt quer hinter deinem Standbein entlang. (2) Die Sohle deines anderen Fußes sammelt den Ball nun ein und wiederholt den Ablauf. (3–6) Diesen Ablauf wiederholst du nun viele Male.

🔍 Tipps & Tricks

Beginne die Übung im Gehen und steigere das Tempo stufenweise. Achte auf zwei sanfte Kontakte (Sohle und Innenseite), damit deine Schrittlänge natürlich bleibt. Nach dem Kontakt mit der Innenseite soll sich der Ball *hinter* deinem Standbein befinden! (2–3)

Der Ballkontakt mit der Innenseite soll weit hinten am Fuß erfolgen. Achte aber darauf, dass du den Ball nicht mit deinem Knöchel spielst. Finde einen gleichmäßigen Rhythmus. Dein Ballkontakt, deine Schrittlänge und deine Schrittfrequenz sollten identisch sein. Anfangs solltest du mit einem Blick über die Schulter, runter auf den Ball, das Gefühl für den Ballkontakt und die Schrittfolge entwickeln. Mit ein wenig Übung kannst du auf den Schulterblick verzichten.

Sohlenzieher seitwärts

⚽ Ausführung

Kontrolliere den Ball mit der Sohle. Richte dich seitwärts zum Ball aus.

Dein Standfuß zeigt ein wenig in die Laufrichtung. (1) Ziehe den Ball mit der Sohle in die Laufrichtung. (2–3) Mit jedem zweiten Schritt deines

Spielfußes wischst du über den Ball, um ihn in deine Laufrichtung mitzunehmen. (4–8 l.)

🔍 Tipps & Tricks

Führe die Übung zu Beginn im langsamen Trab aus. Wenn du dich dann mit der Ausführung der Übung wohlfühlst, kannst du auch zu hohem Tempo übergehen.
Der Sohlenwischer erfolgt nur mit dem Vorderfuß. (1–2, l.) Auch deinen Standfuß setzt du nur mit dem Vorderfuß auf. Achte darauf, dass der Ball immer nah bei dir bleibt!
Deine Arme sind angewinkelt und schwingen natürlich mit deiner Laufbewegung mit.

👉 Steigerung

Schalte einen Innenseitkontakt mit dem anderen Fuß zwischen die Sohlenwischer. (1, 3, 4) Dies funktioniert nur, wenn dein Sohlenwischer kontrolliert und gefühlvoll ist. Du musst darauf achten, dass du deinen Spielfuß nach dem Wischen neben dem Ball absetzt. Der Ball wird dir sonst über den Fuß rollen. (2) Halte deinen Fuß für den Innenseitkontakt nur kurz in den Ball hinein. Du stoppst

den Ball nur ab und sammelst ihn rasch wieder mit dem Sohlenwischer ein!
Triff den Ball genau mittig oder sogar leicht oberhalb, damit er flach auf dem Boden bleibt.

Stepoverschritte

⚽ Ausführung

Du beginnst mit einem Sohlenwischer. Diesen ziehst du diagonal nach vorne in Richtung deines anderen Fußes. Der andere Fuß steigt mit einer Schere über den Ball, sodass der Ball hinter deinem Bein entlangrollt. (1–3) Der Ball befindet sich nun auf deiner anderen Körperseite. Mit einer leichten Drehung richtest du dich wieder zum Ball aus. Nun wiederholst du den Ablauf mit dem anderen Fuß in die andere Richtung. (4)

Diesen Ablauf wiederholst du nun viele Male.

🔍 Tipps & Tricks

Achte darauf, dass dein Sohlenwischer diagonal nach vorne rollt! (1–3) Der Sohlenwischer muss gefühlvoll sein, denn deine Schrittlänge sollte möglichst gering bleiben. Der Sohlenwischer erfolgt nur mit dem Vorderfuß!

Richte deine Hüfte und deinen Oberkörper immer in Richtung Ball aus, sodass du immer eine gute Positionierung für den Sohlenwischer hast. Am entscheidendsten ist, dass du ein Gefühl dafür entwickelst, wie du deine Schritte setzen musst. Wenn der Ball hinter deinem Bein entlanggerollt ist, musst du den Ball mit dem nächsten Schritt des gleichen Beines wieder berühren, um den nächste Sohlenwischer einzuleiten. Du darfst also keinen Extra-Schritt benötigen! Finde einen gleichmäßigen Rhythmus. Dies wird dir nur gelingen, wenn du es beherrschst, den Ball immer wieder exakt gleich zu spielen und deine Schritte von der Länge und der Frequenz identisch zu setzen.

Inside-Outside
⚽ Ausführung
Spiele den Ball mit deiner rechten Außenseite sanft diagonal nach rechts vorne. (1) Nach einem kleinen, schnellen Schritt spielst du den Ball mit der rechten Innenseite diagonal nach vorne links. (2) Nun gibst du dem Ball mit der Außenseite deines linken Fußes einen sanften Impuls diagonal nach vorne links. (3) Im Anschluss spielst du den Ball mit der Innenseite deines linken Fußes wieder rüber auf den rechten Fuß. (4) Der Ablauf beginnt nun wieder von vorne.

🔍 Tipps & Tricks
Deine Ballkontakte müssen hier extrem sanft sein. Der Ball muss sich dafür eher unter dir als vor dir befinden. Deine Schritte müssen ganz klein sein!
Das Schwierigste ist der Moment, wenn du von der Innenseite des einen Fußes auf die Außenseite des anderen Fußes wechselst. Hier musst du deinen Fuß in das kleine Fenster zwischen Ball und Standbein bringen. (3)
Außerdem musst du dein Fußgelenk so klappen, dass du wirklich um den Ball herumkommst.

Finten
Finten, Tricks, Moves – Die Momente, die dich zum Staunen bringen, sind die Momente, die dich den Fußball lieben lassen! Lerne mit den Goldenen Finten des Deutschen Fußball Internats die Moves deiner Idole und dominiere deinen Gegenspieler.
Was ist überhaupt eine Finte und wozu dient sie eigentlich? Die Finte

ist als Täuschung, Verwirrung oder Überraschungsmoment zu verstehen. Sie dient dazu, deinen Gegner in die falsche Richtung zu schicken oder ihn mit einer plötzlichen Bewegung zu überrumpeln. Einige wichtige Grundbausteine beim Training der Finten wiederholen sich immer wieder. Die Grundbausteine sorgen dafür, dass deine Finten dynamischer, explosiver, spektakulärer und vor allem effektiver werden. Speichere die 8 Bausteine also gut ab, damit du die Goldenen Finten perfektionieren kannst.

1. „Vorderfuß"

Die Arbeit auf dem Vorderfuß ist enorm wichtig. (1) Dadurch wird dein Bewegungsablauf leichtfüßiger, spritziger und explosiver. Er ermöglicht dir dynamische Richtungs- und Tempowechsel.

2. „Shoulder-Drop"

Der „Shoulder-Drop" bezeichnet das „Fallenlassen" oder Senken einer deiner Schultern. Er hilft dir dabei, deinem Gegenspieler deine Täuschung zu „verkaufen". Verlagere also dein Körpergewicht auf einen deiner Vorderfüße und senke deine Schulter auf die Seite, zu der du dich hinbewegst. Gehe dafür beim Absetzen des Fußes auf dem Boden leicht ins Knie. Deine Schulter senkt sich auf dieser Seite etwas herab. Deine Finten werden dadurch viel dynamischer und explosiver. (2)

3. „Timing"

Die hohe Kunst der Finten ist es, den exakt richtigen Zeitpunkt der Bewegungsausführung zu erwischen. Wenn du deine Finte zu früh beginnst, kann sich dein Gegenspieler nach deiner Täuschung wieder rechtzeitig positionieren, um dich aufzuhalten. Wenn du deine Finte dagegen zu spät einleitest, muss dein Gegenspieler bloß zum richtigen Zeitpunkt das Bein ausfahren, um dich und/oder den Ball zu stoppen. Im Training hilft es dir also, deine Finten an einem Gegenstand (Hütchen, Kleidungsstück etc.) auszuführen, der einen Gegenspieler simuliert. Er wird dir helfen, ein Gespür dafür zu entwickeln, wann du deine Finte setzen musst und wie lange du brauchst, um die Finte durchzuführen.

4. „Tempowechsel"

Damit ist gemeint, dass du zu einem Zeitpunkt langsamer bist und dann deutlich schneller wirst. Oder eben genau andersherum. Meistens hilft dir die Temposteigerung, um am Gegenspieler vorbei- oder von ihm wegzukommen. Nimm dir generell vor, dass du mit deiner Fintenbewegung förmlich explodierst. Merke dir: Egal, wie schnell du schon andribbelst, dein Bewegungstempo muss sich nach oder während der Finte deutlich verändern.

5. „Richtungswechsel"

Du nutzt die Finte, um deine Ausrichtung schlagartig zu verändern. Dies hilft dir dabei, deinen Gegenspieler zu überraschen und dir Platz zu verschaffen, um an ihm vorbeizuhuschen. Mache dir also frühzeitig bewusst, wo genau dich deine Finte hinbringen soll. Der Richtungswechsel sollte generell explosiv und dynamisch sein.

6. „Ball vorlegen"

Wie weit du dir den Ball vorlegen kannst, hängt immer von der Spielsituation ab. Ist der Raum, in den du dribbelst, groß, so kannst du dir den Ball weiter vorlegen. Ist der Raum klein, versuche den Ball enger zu führen. Im Training solltest du also stets üben, dir den Ball mit der Finte unterschiedlich weit vorzulegen. Behalte ihn mal näher bei dir und lege ihn dir mal etwas weiter vom Fuß weg.

7. „Richtung/Winkel"

Mit dem Winkel, den du bei der Finte wählst, entscheidest du darüber, wie du dich im Vergleich zu deinem Gegenspieler bewegst. Und vor allem, wo du dich nach der Finte befindest. Hier hängt deine Entscheidung von der jeweiligen Spielsituation ab. Stelle dir immer die Frage, wie dein Gegenspieler zu dir steht und wo genau du hinwillst. Die Entscheidung, zu welcher Finte du greifst, machst du von dieser Frage abhängig.

8. „Blickfinte"

Deine Augen sollten im Moment der Täuschung auch dahin schauen, wo du hindribbeln WÜRDEST. Gute Spieler können auch am Gesicht/den Augen ihrer Kontrahenten erahnen, was der Gegenspieler als Nächstes tut. Gestalte also deinen Blick, die Mimik und die Gestik so, als würdest du die Aktion, die du „vortäuschst", wirklich durchführen. Das macht deinen Move noch realistischer. Wichtig: Übertreibe es nicht! Dein Hauptfokus muss immer auf dem Ball und deinem Gegenspieler/Hindernis liegen. Die Blickfinte erstreckt sich nur über einen winzigen Zeitraum. Wende sie erst an, wenn du die Finte bereits sicher beherrschst. Mache dir diese 8 elementaren Keyfacts immer wieder bewusst!

Übrigens: Du solltest die Finten wieder und wieder machen. Wiederholung ist vor allem in diesem Bereich der Schlüssel zur Perfektion. Und NUR wenn du die Finten perfekt beherrschst, werden sie dich im Spiel wirklich weiterbringen. Und denke immer daran, alles beidfüßig zu trainieren!

Körpertäuschung

Die Körpertäuschung ist nicht nur die einfachste Finte in deinem Programm, sie ist auch eine der ältesten im Fußball. Kein anderer als der mehrmalige Weltfußballer Lionel Messi hat diese Finte als DAS Allzweckmittel in seinem Repertoire. Um an seinen Gegenspielern vorbeizukommen, nutzt er seine kleinen, flinken Körpertäuschungen permanent. Die Finte funktioniert sowohl im Lauf als auch im Stand. Die Täuschung verwendest du vor allem in einem frontalen 1vs1 mit einem Gegenspieler. Ein kurzer Wackler mit dem Oberkörper schickt deinen Kontrahenten in eine Richtung und du huschst auf der anderen Seite an ihm vorbei.

⚽ Ausführung &
🔍 Tipps und Tricks

Beginne die Finte im Stand zu trainieren. Du kannst hier bewusst auf
die Arbeit auf dem Vorderfuß und den
Shoulder-Drop sowie auf die Blickfinte achten. Diese Situation tritt im
Spiel durchaus ein. Beobachte Spieler,
wie Neymar und Messi. Sie führen
die Körpertäuschung sehr oft aus
dem Stand aus. Verlagere zu Beginn
dein Körpergewicht mit einer raschen
Bewegung auf einen deiner Füße und
zieh ihn ebenso rasch wieder hinter
den Ball. Du machst also eine Art Ausfallschritt. Nach einer beliebigen, von
dir gewählten Anzahl von Täuschungen kannst du mit dem Ball zu einer
Seite ausbrechen und Tempo machen.
Ob du den Ball mit der Innenseite
oder der Außenseite mitnimmst, entscheidest du. Übe so, dass du beides
beherrschst. (1–4, l.)
Für die Ausführung aus dem Dribbling
verändert sich nicht viel: Dribbel mit
dem Ball an, führe dann die Körpertäuschung durch und brich auf der
anderen Seite aus. (1–5 r.)

Hinweis: Die Fotos auf dieser Seite
zeigen doppelte Körpertäuschungen.

Robinho

Diese Finte eignet sich vor allem für ein frontales 1vs1. Robinho hat sie mit seinen vielen Übersteigern hintereinander geprägt. Er verwendet sie während des Andribbelns auf den Gegenspieler oder sogar im Stand.

⚽ Ausführung

Dribbel zielgerichtet auf deinen Gegenspieler oder ein anderes Hindernis (z. B. Hütchen) zu. Steige mit einem Fuß dynamisch über den Ball und breche zur anderen Seite mit Tempo aus. Das übersteigende Bein bewegt sich dabei vor dem Ball entlang zu der Seite hin, auf die du deinen Gegner locken willst. In der Bilderserie siehst du einen doppelten Robinho. (1–6) Du solltest einen Moment lang deutlich breitbeiniger stehen als gewöhnlich. (3) Nutze die Außenseite des Fußes, der nicht über den Ball steigt, um dir den Ball in die entgegengesetzte Richtung deines Schrittes vorzulegen. (6)

🔍 Tipps & Tricks

Damit der Move erfolgreich ist, muss dein Timing stimmen. Hierfür musst du durch viele Wiederholungen ein Gefühl entwickeln. Der Robinho setzt auch einen extremen Tempowechsel voraus. Nach der Finte solltest du möglichst schnelle Schritte machen, um den Ball so schnell wie möglich wieder zu kontrollieren. Im Training gilt die Regel: Zunächst perfektionieren, dann das Tempo steigern! Je wohler du dich bei der Ausführung fühlst, desto explosiver sollte sie werden. Wie weit du dir den Ball vorlegen kannst, hängt von der Spielsituation ab. Übe den Robinho so, dass du es beherrschst, den Ball ganz eng bei dir zu behalten, aber auch so, dass du dir den Ball etwas weiter vorlegst. In den meisten Fällen legst du dir mit dem Übersteiger den Ball schräg nach vorne vor. (6) Es gibt aber auch Momente, in denen du dir den Ball quer zur Seite oder sogar etwas zurückspielen musst. Beispielsweise, wenn dein Gegenspieler sein Bein nach vorne ausfährt und du ihm noch schnell ausweichen musst.

Die Bedeutung des „Shoulder-Drops" (4) und der Arbeit auf dem „Vorderfuß" hast du bereits gelernt. Wie du auf den Bildern sehen kannst, sind diese beiden Punkte für einen saubeen Robinho essenziell! Es gibt sogar Situationen, in denen dir der Übersteiger hilft, wenn sich dein Gegner hinter dir befindet und dir folgt. Durch deine Täuschungen erschwerst du es ihm abzuschätzen, in welche Richtung du den Ball mitnimmst, sodass du ihn mit dem Robinho leichter abschütteln kannst.

Schere

Die Schere ist ein umgekehrter Robinho. Das Bein führt nun in die andere Richtung, um den Ball herum. Spieler wie Cristiano Ronaldo, die extrem viele Übersteiger aneinanderreihen, verwenden immer wieder die Schere, um ihre Gegenspieler zu verladen.

⚽ Ausführung

Dribbel zielgerichtet auf deinen Gegenspieler oder ein anderes Hindernis (z. B. Hütchen) zu. Steige mit einem Fuß dynamisch über den Ball und breche zur anderen Seite mit Tempo aus. Das übersteigende Bein bewegt sich dabei von außen nach innen vor dem Ball entlang. (1–3) Deine Beine sind für einen kurzen Moment überkreuzt. (3) Nutze die Außenseite des Fußes, der über den Ball gestiegen ist, um in die andere Richtung auszubrechen. (4–6)

🔍 Tipps & Tricks

Das Timing ist extrem wichtig. Entwickele ein Gefühl, wann du die Finte einleiten und beendet haben musst. Tendenziell musst du etwas früher anfangen als beim Robinho. Auch der „Shoulder-Drop" hat hier wieder eine große Bedeutung. Du solltest möglichst leichtfüßig bei der Schere agieren. Du darfst den Fuß deines Übersteigerbeines dennoch kurz fest auf dem Boden absetzen, damit du dich möglichst schnell und explosiv in die neue Richtung abdrücken kannst. (3) Achte bei der Schere darauf, dass du etwas langsamer andribbelst und direkt nach dem Scherenschritt möglichst schnell vom Gegenspieler wegkommst.

Es gibt Situationen, in denen dir die Schere hilft, wenn sich dein Gegner hinter dir befindet und dir folgt. Durch deine Täuschungen erschwerst du es ihm abzuschätzen, in welche Richtung du den Ball mitnimmst. Wenn du das Gefühl hast, dass dein Übersteigerschritt zu groß wird und du dadurch den Rhythmus oder das Tempo verlierst, gibt es eine Erleichterung. Behalte den Ball beim Dribbling einfach etwas näher bei dir, also quasi unter dir. (1) Je näher der Ball bei dir ist, desto kleiner kann dein Übersteigerschritt sein.

Figo

... ist der Erfinder dieser Finte. Sie geht pfeilschnell und kann deinen Gegenspieler überrumpeln. Vor allem im frontalen Duell und im Stand ist sie extrem effektiv.

⚽ Ausführung

Platziere den Ball unter dir zwischen den Füßen. Dein Spielbein ist deutlich näher am Ball als dein Standbein. Deinen Spielfuß kannst du hinter dem Ball platzieren. So, dass du gleich einen sanften Kontakt mit der Innenseite spielen kannst. Die Zehenspitzen von deinem Standfuß dürfen weiter vorne sein als der Ball. Um die Finte einzuleiten, legst du den Ball mit deinem Spielfuß (im Bild der rechte) ganz sanft diagonal nach vorne links. Zeitgleich machst du mit deinem Standbein, also dem linken, einen kleinen Hüpfer nach links (vom Ball weg). (1–2) In dem Moment oder kurz nachdem dein linker Fuß wieder steht, klappst du dein Fußgelenk vom Spielfuß so, dass sich dein Fuß nun innen vom Ball befindet. Mit der rechten Außenseite gibst du dem Ball einen Impuls nach schräg vorne rechts, während du dich mit dem linken Fuß für den Richtungswechsel abdrückst. (2–4)

🔍 Tipps & Tricks

Der kleine Hüpfer mit deinem Standbein ist sehr wichtig für die saubere Ausführung der Finte. Je weiter vorne du dein Standbein abstellst, desto kleiner muss der Hüpfer sein, den du machst. Je kleiner dein Hüpfer, desto sanfter muss auch dein erster Ballkontakt mit der Innenseite sein. Du wirst sehen, dass du für den zweiten Ballkontakt (mit der Außenseite) leichter hinter den Ball kommst, wenn du nur einen kleinen Hüpfer machst. Mache die beiden kleinen Ballkontakte innerhalb ein und derselben Bewegung. Deinen Spielfuß darfst du zwischen den beiden Ballkontakten nicht auf dem Boden absetzen. (2–3) Achte darauf, dein Körpergewicht mit dem Hüpfer auf das Standbein zu verlagern, und verwende den „Shoulder-Drop". (2) Wenn du die Finte richtig ausführst, brauchst du das Fußgelenk deines Spielfußes nur minimal zu klappen. Ein sauberer Ballkontakt und ein präziser Hüpfer sorgen dafür, dass du den Ball sauber mit der Außenseite mitnehmen kannst. Stoße dich mit deinem Standbein nach der Landung vom Hüpfer sauber in die neue Spielrichtung ab. Dafür gehst du weit ins linke Knie und wirst insgesamt deutlich kleiner. Der Fuß des Standbeines darf fest, aber nur kurz

auf dem Boden abgesetzt werden. (2, 3)

Die Fotos zeigen dir, wie sehr du bei der Ausführung auf dem Vorderfuß agieren solltest!

Nachdem du dir den Ball mit der Außenseite vorgelegt hast, solltest du einige schnelle Schritte machen, um einen explosiven Tempowechsel zu vollziehen. Wie weit du dir den Ball vorlegen kannst, hängt von der Spielsituation ab. Auch der Winkel spielt wieder eine entscheidende Rolle. In der Regel legst du dir den Ball mit dem Figo schräg nach vorne. In selteneren Situationen musst du dir den

Ball aber auch quer zur Seite spielen. Beispielsweise, wenn dein Gegenspieler schon einen langen Ausfallschritt nach dem Ball macht. Nutze beim Figo unbedingt die „Blickfinte".

Je weniger Zeit zwischen deinen beiden Ballkontakten liegt, desto schwieriger ist es für deinen Gegenspieler, die Situation einzuschätzen und zu reagieren.

Messi-Turn

Die Messi-Drehung nutzt du immer dann, wenn es gilt, den Ball noch gerade so vom Gegenspieler abzuschirmen und mit einem Richtungswechsel schnell wieder von ihm wegzukommen.

⚽ Ausführung

Dribbel leicht schräg an. Wenn du mit dem starken Fuß trainierst (auf den Bildern der rechte), dann dribbel leicht schräg nach links an! Mit Beginn der Finte machst du mit dem rechten Fuß einen Schritt VOR den Ball, sodass du ihn mit der Innenseite abstoppst. (1–4) Währenddessen drehst du dich über die linke Schulter einmal zur Hälfte um die eigene Achse. Am Ende dieser Drehung sammelst du den Ball wieder mit der rechten Innenseite ein und legst ihn dir vor. (5–6) Die beiden Ballkontakte folgen zügig aufeinander. (4–5)

🔍 Tipps & Tricks

Achte darauf, dass du dir den Ball während des Dribblings nicht zu weit vorlegst, weil dein Schritt, um den Ball abzustoppen, sonst zu lang werden muss und du dann keine geschmeidige Drehung mehr machen kannst. Bei deinem ersten Ballkontakt mit der Innenseite spielst du den Ball möglichst sanft und nimmst nur das Tempo aus dem Ball heraus. Außerdem sollte er sich unter dir befinden. (2–4) Sorge mit deiner Drehung dafür, dass sich dein Standbein schnell vor den Ball schiebt. Du schiebst deinen Körper also schnell zwischen Ball und Gegenspieler. Achte auf einen sauberen koordinativen Ablauf. Dein Standbein darf dir oder dem Ball nie im Weg sein. Nutze kleine Schritte statt großer! Häufig nutzt du diese Finte, um dich vom Druck des Gegners zu lösen. Also musst du den Ball in der Regel eng führen. Auch die Richtung/der Winkel ist wichtig. In den meisten Fällen stellst

du deinen Spielfuß zwischen dem attackierenden Verteidiger und dem Ball ab, sodass du schräg von ihm wegkommst. Noch wichtiger als bei allen anderen Finten ist die Verlagerung deines Körperschwerpunktes. Du solltest während der Drehung sehr klein werden. Dein Gesäß sollte deutlich in Richtung Boden gehen, damit du beim Körperkontakt mit dem Gegenspieler maximal stabil bist. Wenn du kleiner wirst, wirst du auch stabiler. Achte hierbei darauf, dass du dich dabei nicht zu weit nach vorne lehnst, sonst kippst du nach vorne über. Wenn du dein Gesäß dabei etwas nach hinten ausfährst, wird dein Gegenspieler kaum nach dem Ball treten können. Noch dazu wird er Probleme bekommen, dich aus dem Gleichgewicht zu bringen.
Fahre auch deinen Arm leicht aus! Benutze dafür nur den gegnernahen Arm. (5) Wenn du die Finte also mit rechts machst, fahre den rechten Arm aus. Dieser kann dir während der Drehung helfen, deinen Gegenspieler etwas weiter von dir fernzuhalten. Achte darauf, dass du deinen Gegenspieler dabei nicht schlägst oder dein Arm zu weit oben arbeitet, damit der Schiedsrichter nicht pfeift.

Thiago

Diese Finte sieht zwar einfach aus, ist
aber recht anspruchsvoll. Und zu-
gleich hocheffizient. Sie löst dich vom
Druck des Gegenspielers in engen
Spielmomenten, in denen der extreme
Richtungswechsel ganz neue Optionen
der Spielfortsetzung bietet. Heutzutage verwendet Thiago vom FC Bayern
München diesen Move besser als kein
anderer.

⚽ Ausführung

Dribbel mit deinem Spielfuß (auf
den Bildern der rechte) leicht schräg
nach links an. Um die Finte einzuleiten, steigst du mit dem Dribbelfuß
(also dem rechten) auf den Ball. (1–3)
Mit einem kleinen Hüpfer um deine
eigene Achse, landest du mit dem
Standbein (dem linken) schräg vor
dem Ball. Gleichzeitig ziehst du den
Ball mit deinem rechten Fuß, der den
Ball bereits mit der Sohle kontrolliert,

schräg nach vorne weg. (3–5) Dies ist
ein sogenannter „Sohlenzieher". Folge
dem Ball schnell.

🔍 Tipps & Tricks

Achte darauf, dass du dir den Ball
nicht zu weit vorlegst, bevor du auf ihn
steigst. Um den Bewegungsablauf zu
lernen, hilft es dir, den Ball zunächst
fast unter dir zu behalten. So können
deine Schritte kleiner sein und du
verlierst nicht so schnell das Gleichgewicht. (2)
Wenn du viel geübt hast, wirst du
merken, dass du dir den Ball auch
deutlich weiter wegspielen kannst, bevor du draufsteigst. Die Finte funktioniert nämlich vor allem dann sehr gut,
wenn man sich den Ball einen Tick zu
weit vorgelegt hat und der Gegner den
Ball attackiert. Oder in Situationen,
wenn der Ball freiliegt und du und
dein Gegenspieler der Erste sein wollt.
Beim „Sohlenzieher" darfst du nur

mit dem Vorderfuß arbeiten! Der „Shoulder-Drop" hilft dir dabei, deinen Gegner von dir fernzuhalten. Wie bei der Messi-Finte solltest du üben, den Arm auszufahren. (3–4)

Verlagere deinen Körperschwerpunkt insgesamt nach unten, um möglichst stabil beim Gegnerkontakt zu sein und schnell die Richtung wechseln zu können. (3–4)

Sorge mit deiner Drehung dafür, dass das Standbein einen recht großen Satz weit vor den Ball macht. Der Ball, den du mit dem „Sohlenzieher" wegziehst, kann somit gut an deinem Standbein vorbeirollen. (3–4)

Dein Spielbein (das rechte) setzt unmittelbar nach dem Sohlenzieher auf dem Boden ab. (3–4) Im Idealfall steht es nun zwischen dem Ball und deinem Gegenspieler/Hütchen o. Ä. Bei dieser Finte hilft dir also das Spielbein, den Ball vor dem Gegner zu beschützen. Achte auf einen sauberen koordina-

tiven Ablauf. Dein Standbein darf dir oder dem Ball zu keiner Zeit im Weg sein. Das gelingt dir nur mit einer gut getimten eleganten Drehung.

VIDEO

Zidane

Die Zidane-Drehung hilft dir, dich vom Druck des Gegners zu lösen, kann dir dabei aber sogar Türen nach vorne öffnen. Sie funktioniert in allen Formen von Duellen. Frontal, seitlich, mit dem Gegenspieler im Rücken. Eine absolute Allzweckwaffe!

⚽ Ausführung

Dribbel mit deinem Spielfuß (hier der rechte) leicht schräg nach links. Um die Finte einzuleiten, steigst du mit deinem rechten Fuß auf den Ball und ziehst ihn mit der Sohle ganz sanft schräg nach rechts zurück. Während du das machst, macht dein Standbein (das linke) wieder einen kleinen Hüpfer (wie bei Thiago). Dieses Mal sammelst du den Ball aber mit der

Sohle ein und ziehst ihn mit nach vorne. Durch deine Drehung befindest du dich wieder im Vorwärtsgang und der Ball sollte vor dir sein. (1–6)

🔍 Tipps & Tricks

Dein rechter Fuß setzt unmittelbar nach dem ersten Sohlenzieher vor dem Ball ab. (3–5) In der Regel befindet sich hier der Verteidiger, sodass dieser Schritt enorm wichtig ist, um den Ball zu beschützen! Beachte, dass du hierbei nicht dein Knie durchstreckst, sondern wieder deinen Körperschwerpunkt nach unten verlagerst, um möglichst stabil beim Gegnerkontakt zu sein (und um eine schnelle Drehung zu ermöglichen). (2: Der Spieler verlagert seinen Schwerpunkt nach unten.)

Fahre den Arm leicht aus, um den Gegner fernzuhalten. Vorsicht: Hier bist du durch deine Drehung meistens mit viel Schwung unterwegs, sodass du aufpassen musst, dass du nicht mit dem Arm ausschlägst. Fahre ihn lediglich leicht aus, um im Gleichgewicht zu bleiben und deinen Gegner zu kontrollieren. Arbeite mit der Sohle am Ball nur am Vorderfuß!

Achte auf einen sauberen koordinativen Ablauf. Deine Füße dürfen dem Weg des Balles nicht in die Quere kommen! Bei dieser Finte laufen die einzelnen Bewegungsabschnitte in einer enorm schnellen Reihenfolge ab. Übung ist der Schlüssel!

Welcher Winkel bietet sich an? In vielen Fällen befreist du dich mit der Finte von hohem Druck. Du gehst also am ehesten in die Richtung, wo der wenigste Druck herrscht. Wenn du diese Finte auf beiden Seiten perfekt beherrschst, hast du einen 360-Grad-Move im Repertoire. Der Zidane kann dich in alle existierenden Richtungen bringen!

Übe die Zidane-Drehung in all ihren unterschiedlichen Arten. Übe sie gerade nach vorne ausgerichtet, also eine komplette Pirouette auf dem Ball. Übe mit ihr, zur Seite wegzukommen. Übe sie, um deine Ausrichtung von vorne um 180 Grad nach hinten zu drehen und den Ball wieder vor dir zu haben. Übe den Zidane auch mit dem Gegner im Rücken.

CR7-Chop

Der „CR7-Chop" ist eine Finte, die im höchsten Tempo ausgeführt werden kann. Zweck der Bewegung ist ein schneller Richtungs- und Tempowechsel. Häufig wird der Move benutzt, um einen Gegenspieler, der sich auf der Innenbahn (also näher zum Tor) befindet, zu „brechen". Dadurch zwingst du ihn, seinen Körper zu drehen. Die Drehung des Verteidigers sowie der abrupte Tempowechsel verschaffen dir ein Mehr an Zeit und Raum. Der „Chop" bietet sich in der Regel also eher dazu an, ein seitliches 1vs1 zu gewinnen als ein frontales.

⚽ Ausführung

Für eine Ausführung mit rechts solltest du bei dieser Finte zunächst leicht schräg nach rechts andribbeln. Mit einem kleinen Hüpfer leitest du den

„Chop" ein. Während deine Füße in der Luft sind, legst du den Ball mit der Innenseite deines Spielfußes hinter deinem Standbein entlang. Dieses schwingt während der Flugphase nach vorne, damit es nicht im Weg ist. Sobald der Ball den Fuß verlassen hat, gehst du dem Ball schnell nach. (1–6)

🔍 Tipps & Tricks

Achte darauf, dass du mit deinem linken Fuß (Standbein) nur ganz leicht abspringst. Dein rechter Fuß (Spielfuß) holt während der kurzen Flugphase von der Seite (rechts) aus, sodass er dem Ball einen sanften Kontakt nach links geben kann. (2–3) Achte darauf, dass dein rechter Fuß unmittelbar nach dem Ballkontakt auf dem Boden aufsetzt. (3–4)

Werde bei der Landung klein, um möglichst schnell die Richtung zu wechseln. Bei dieser Finte darfst du ZUVOR sehr aufrecht sein und erst mit dem Chop erfolgt der „Shoulder-Drop"! (2–5) Dein Standbein sollte nach dem Absprung nach vorne schwingen, sodass der Ball hinter ihm entlangrollen kann. (2–4) Die Finte bietet sich für Momente an, in denen sich dein Gegenspieler neben dir oder schräg vor dir befindet. Häufig sind es Laufduelle, die der Ballführende abrupt abbricht, weil er merkt, dass ihm der Verteidiger auf die Pelle rückt.

Elastico

Mit dem Elastico folgt der letzte und erfahrungsgemäß schwierigste Move. Vor allem im 1vs1 im Stand ist der Elastico sehr effektiv.

⚽ Ausführung

Platziere den Ball unter dir. Dein Standbein (hier das linke) steht neben oder schräg hinter dem Ball. Gib dem Ball jetzt einen Impuls mit der rechten Außenseite nach rechts (leicht schräg nach vorne). Ohne den Ball loszulassen, klappst du dein Fußgelenk so, dass du den Ball plötzlich mit der Innenseite nach schräg links führen kannst. (1–4) Folge dem Ball schnellen Schrittes.

🔍 Tipps & Tricks

Wenn du Schwierigkeiten hast, die Richtung des Balles mit einer durchgehenden Bewegung zu ändern, kannst du zunächst auch mit 2 kleinen Kontakten arbeiten. Spiele zunächst mit der Außenseite und dann ganz schnell mit der Innenseite.

Deine Körperpositionierung ist sehr wichtig. Der Ball muss sich unter dir befinden! Das heißt, du lehnst dich schon leicht nach vorne. Deine Nasenspitze sollte sich über dem Ball befinden!

Wenn du den Ball nach rechts spielst, achte darauf, dass du den Ball nicht trittst, sondern führst. Du versuchst also, durchgehend mit dem Ball in Kontakt zu bleiben. Klappe dafür dein Fußgelenk weit ein, sodass du den Ball sauber mit deinem Außenspann und den Zehen führen kannst. (1) Damit du den Kontakt zum Ball nicht verlierst, musst du dem Ball auch mit deinem Oberkörper folgen. Dein gesamter Körper, ausgenommen das

Standbein, muss sich mit dem Ball gemeinsam nach rechts bewegen. (1, 2) Denke dabei an den „Shoulder-Drop"! (2)

Unmittelbar nach dem Kontakt mit der Innenseite setzt dein Fuß genau an der Stelle auf dem Boden ab. (2, 3) Es ist wichtig, dass das schnell passiert, damit du dich möglichst rasch in die neue Richtung abdrücken kannst. (3, 4) Der Ball sollte jetzt schräg nach vorne links rollen.

Folge dem Ball, so schnell es geht. Bei einer sauberen Ausführung sollte sich der Ball nicht zu weit von deinem Fuß entfernen. Bedenke immer, dass wir die Finte im Stand üben. Im Spiel musst du nach der Finte also sofort Tempo aufnehmen! (3, 4)

In welchem Winkel bietet sich der Elastico an? In den meisten Fällen legst du dir den Ball schräg nach vorne, nachdem du deinen Gegenspieler für einen kurzen Moment in die falsche Richtung geschickt hast. Wenn dir der Elastico leichtfällt, versuche die Finte auch hinter deinem Standbein auszuführen. Hierfür braucht es eine ausgeprägte Fußgelenkbeweglichkeit und eine außerordentliche Koordination.

Passspiel

Den größten Fußballern der Welt gelingt es, die eigenen Mitspieler besser zu machen. Dafür ist ein starkes Passspiel natürlich die Voraussetzung. Wir schauen uns im Folgenden vier unterschiedliche Arten an, den Ball abzuspielen: einen flachen Pass mit der Innenseite, einen geraden Flugball, eine Flanke mit Schnitt sowie einen flachen Pass mit dem Vollspann.

Flacher Innenseitpass

Das ist die Passtechnik, die du mit Abstand am häufigsten siehst und selbst benutzt. Der flache Innenseitpass ist der einfachste und sicherste Weg, einen Ball kontrolliert von dir zu einem Mitspieler zu bringen, und eignet sich vor allem für die Kurz- und Mitteldistanz.

⚽ Ausführung

Für diese Übung stellst du dich vor eine Wand. Diese wird deinen Trainingspartner darstellen. Spiel den Ball nun ganz einfach flach an die Wand, verarbeite ihn und spiel den Ball wieder an die Wand. Achte darauf, dass du die Pässe nur mit der Innenseite deiner beiden Füße spielst.

🔍 Tipps & Tricks

Die erste wichtige Ebene für einen erfolgreichen Flachpass ist dein

Stand zum Ball. Dein Standbein setzt du neben dem Ball ab. So, dass deine Fußspitze dort hinzeigt, wo du den Ball hinspielen möchtest. (1) Dabei achtest du darauf, dass du dein Körpergewicht auf das Standbein verla-

gerst. Dein Knie sollte dabei leicht gebeugt sein. (2) Dein Oberkörper sollte sich im Moment des Passes über dem Ball befinden. Dein Körpergewicht verlagerst du also nach vorne. (2–3) Dein Ziel sollte es sein, den Ball über

15 bis 20 Meter scharf und flach zu passen, so, dass der Ball tatsächlich rollt und nicht hüpft. Um dies zu schaffen, musst du den Ball exakt mittig treffen. (4). Erwischst du den Ball genau richtig, so rollt er schnurgerade und dreht sich dabei nur vorwärts um die eigene Achse.

Den Ball genau mittig zu treffen, bedeutet aber auch, ihn nicht zu weit oben oder zu weit unten zu erwischen. Also triff den Ball genau in seiner Mitte, sodass er sauber über den Boden rollt!

Um den Ball sauber mit der Innenseite zu spielen, drehst du dein Fußgelenk beim Ausholen weit nach außen. Die Fußspitze deines Spielfußes zeigt also zur Seite. Die Fußspitze kannst du dabei auch ein wenig nach oben ziehen. Zum einen vergrößerst du dadurch die Fläche, mit der du den Ball spielen kannst. Zum anderen sorgst du damit auf jeden Fall für die nötige Spannung in deinem Fußgelenk. Dieses muss nämlich fixiert sein, um den Ball kontrolliert zu spielen. (5)

Wie muss dein Schwung aussehen? Dein Spielbein schwingt locker von hinten nach vorne durch. Die große Spannung ist in deinem Fußgelenk! Wie weit du ausholst, kommt auf die Distanz an, die dein Pass zurücklegen soll. Willst du den Ball nur ganz kurz spielen, so brauchst du kaum auszuholen. Je weiter dein Pass gehen soll, desto weiter holst du nach hinten aus. Je weiter du nach hinten ausholst, desto weiter schwingst du nach dem Pass auch nach vorne durch. (S. 62, 63, 2–3, 6)

🏃 Trainingstipps

Versuche den Ball immer wieder identisch an die Wand zu spielen. Der Ball gibt dir mit der Art, wie er zu dir zurückkommt, immer sofort ein Feedback, ob dein Pass gut war. Ob der Ball zu dir zurückkommt, hängt natürlich auch von der Dosierung ab. Also wie viel Power du in den Pass hineinlegst. Die Dosierung ist eines der entscheidendsten Merkmale eines guten Passes. Um hier ein ausgeprägtes Gefühl zu erlangen, solltest du einfach die Entfernung zur Wand variieren. Spiele mal ganz kurze, sanfte Bälle, indem du dich nah an die Wand stellst. Stelle dich aber auch mal weiter von der Wand weg, sodass du den Ball mit viel Druck an die Wand spielen musst, damit er wieder mit dem richtigen Tempo bei dir ankommt.

Flugball

Der Flugball ist ein hoher, häufig auch recht langer Ball, der für den Mitspieler sehr leicht zu berechnen und zu verarbeiten ist. Das liegt daran, dass der Ball in der Luft aufgrund seines Rückwärtsdralls langsamer wird und dabei auch noch kerzengerade fliegt. Häufig werden solche Pässe gespielt, um das Spielgeschehen von der einen auf die andere Seite zu verlagern.

⚽ Ausführung

Für diese Übung spielst du immer wieder hohe Bälle in Richtung Tor (oder eines Trainingspartners). Dein Ziel ist es, die Latte zu treffen. Wenn das nicht sofort gelingt, kannst du den Ball auch erst einmal ins Netz schießen, ohne dass er vor der Torlinie auf dem Boden aufkommt. Die Entfernung zum Tor steigerst du stufenweise. Beginne mit kurzen Distanzen und vergrößere sie, wenn du triffst. Zu Beginn spielst du ruhende Bälle. Wenn du dies problemlos beherrschst, legst du dir den Ball im zweiten Schritt selbst vor und spielst den Flugball aus dem Dribbling heraus. In der dritten Stufe lässt du dir den Ball von einem Trainingspartner zuspielen. Bist du allein, kannst du den Ball an eine Prallwand o. Ä. spielen. Hauptsache, der Ball rollt nun auf dich zu und du kannst ihn mit dem ersten Kontakt wieder wegspielen.

🔍 Tipps & Tricks

Um die Flugballtechnik im Detail zu verstehen, teilen wir den Bewegungsablauf in vier Phasen. Den Anlauf, das Ausholen und das Setzen des Standbeines, den Treffpunkt von Ball und Fuß sowie das Ausschwingen.

1. Der Anlauf

Positioniere dich schräg hinter dem Ball. (1) Die Entfernung zum Ball hängt davon ab, wie weit du deinen Flugball spielen möchtest. Willst du den Ball über eine große Distanz spielen, musst du mit deinem Bein noch mehr Schwung holen. Damit dir das gelingt, brauchst du meistens ein paar Schritte Anlauf mehr. Für einen kürzeren Ball reichen in der Regel 1 bis 2 Schritte. Entscheidend ist, dass du mit deinem Anlauf Spannung aufbaust. (2–4) Während deines Anlaufs holt dein gegengleicher Arm in einer kreisförmigen Bewegung nach hinten aus.

2. Ausholen & Standbein

Während du dein Standbein absetzt, holst du mit deinem Spielbein von hinten Schwung. Dein Knie ist dabei leicht gebeugt! (4) Die Fußspitze deines Standfußes zeigt in Richtung Ziel. Achtung: Bei dieser Technik schwingst du leicht zur Standbeinseite und brichst das Ausschwingen deutlich früher ab. Du solltest zwi-

schen dem Ball und deinem Standfuß also etwas mehr Platz lassen. (2-3 Fußbreit) (5) Wie das Bild zeigt, lehnt sich der Spieler schon beim Setzen des Standbeines weit zur Seite. Auch der Oberkörper spielt beim Flugball eine wichtige Rolle. Dieser entscheidet unter anderem über die Höhe deines Flugballs. Je weiter du dich zurücklehnst, desto höher wird der Ball fliegen.

3. Treffpunkt von Ball und Fuß

Deinen Spielfuß kippst du nach unten, streckst ihn durch und drehst die Fußspitze nach außen. Dein Sprunggelenk ist dabei fixiert. (5) Wenn du die Bewegung richtig ausführst, sollte man hinter dir stehend deine Schuhsohle sehen können. Den Ball triffst du mit dem Übergang zwischen Vollspann und Innenseite. Entscheidend ist nun, an welcher Stelle du den Ball triffst. Und das sollte exakt mittig im unteren Drittel sein. Je weiter unten du den Ball mit dieser Technik triffst, desto

mehr „schneidest du unter ihm durch". Du erzeugst also mehr Unterschnitt, was nichts anderes bedeutet, als dass sich der Ball noch mehr rückwärts um die eigene Achse dreht. Wenn er dies tut, dann wird er durch den Luftwiderstand während der Flugphase langsamer. Langsame Bälle sind leicht zu verarbeiten. Du solltest also nicht nur die Distanz variieren, wie weit du den Flugball spielst. Du solltest auch trainieren, Flugbälle mit ganz viel und mit weniger Unterschnitt (oder Backspin) spielen zu können. Achte hierbei immer darauf, dass du keine seitliche Rotation in den Ball gibst. Das passiert nur dann, wenn du den Ball etwas zu weit rechts oder links triffst. Der Ball fliegt dann nicht mehr gerade.

In jedem Fall gibt dir der Ball selbst immer ein umgehendes Feedback, ob dein Flugball gut war. Ist er kerzengerade geflogen? Hat er sich rückwärts um die eigene Achse gedreht? Ist er am Ziel angekommen?

4. Ausschwingen

Dein Spielbein schwingt diagonal und über Kreuz vor das Standbein. (6) Mit Absetzen deines Spielbeines stehst du also für einen kurzen Moment über Kreuz. Dein Standbein ziehst du nun hinterher, sodass du schnell wieder im normalen Stand bist. Wie du auf den Bildern von hinten gut erkennen kannst, kippt der Spieler mit dem Be-

wegungsablauf leicht zur Standbeinseite. Wenn du dies nicht tust, wird es dir kaum gelingen, sauber unter dem Ball „durchzuschneiden" und deinen Fuß dabei so zu halten, dass der Ball gerade fliegen kann.

Flacher Spannpass

Diese Technik dient in der Regel dazu, flache Pässe über größere Distanzen zu spielen. Mit dem flachen Spannpass kannst du die nötige Power dafür erzeugen. Häufig wird dieser Ball für eine Verlagerung gespielt oder in Umschaltmomenten, wenn es gilt, das Feld schnell, aber präzise zu überbrücken.

⚽ Ausführung

Du kannst den Ball einfach an die Wand spielen oder mit einem Trainingspartner üben. Übe zunächst wieder den ruhenden Ball, bevor du zum Pass aus dem Dribbling übergehst. Steigere dich abschließend wieder hin zur Direktabnahme eines Balles, der sich auf dich zubewegt.

🔍 Tipps & Tricks

Der flache Spannpass ist mit dem zuvor erlernten Flugball verwandt. Die beiden Bewegungsabläufe sind sich sehr ähnlich. Sämtliche Details, die du beim Flugball gelernt hast, gelten also auch hier. Wir klären lediglich die Unterschiede, die aus dem Flugball einen flachen Spannpass machen.

1. Unterschied: Der Anlauf
Den flachen Spannpass solltest du bei einem ruhenden Ball mit nur einem Schritt Anlauf beherrschen. Du soll-

test deinen Anlauf im Vergleich zum Flugball also etwas verkürzen. (1)

2. Unterschied: Treffpunkt Ball
Den Ball musst du exakt mittig treffen! (2) Bedenke: Je weiter unten du den Ball triffst, desto weiter wird er sich vom Boden weg nach oben bewegen. Da du den Ball flach oder maximal halbhoch spielen willst, musst du ihn also möglichst nah an seiner Mitte treffen. Eine seitliche Rotation soll der Ball nicht haben. Also darfst du ihn

auch nicht zu weit rechts oder links treffen. (2)

3. Unterschied: Oberkörper

Um den Ball flach zu halten und trotzdem viel Power in ihn reinlegen zu können, musst du mit deinem Oberkörper deutlich über dem Ball bleiben. Als Hilfe kannst du dir vornehmen, dass sich dein Knie über dem Ball befindet, wenn du ihn trittst. (3)

4. Unterschied: Ausschwingen

Das Schwingen deines Spielbeines brichst du noch etwas früher ab als beim Flugball. Dein Fuß bleibt also näher am Boden als beim Flugball. (4–6)

Flanke (mit Schnitt)

Die Flanke ist im modernen Fußball ein wesentliches Element. Aber worin unterscheidet sich die Flanke eigentlich vom Flugball? Wie du gelernt hast, wird der Flugball während der Flugphase langsamer, weil er sich rückwärts um die eigene Achse dreht. Eine Flanke ist aber meistens erst dann richtig gefährlich, wenn sie scharf gespielt wird. In diesem Fall spielen wir den Ball also mit einem seitlichen Schnitt.

☻ Ausführung

Zum Üben der Technik kannst du einen Mitspieler vor dem Strafraum positionieren und ihm von der Seite Flanken reinschlagen. Achte dabei darauf, dass dein Mitspieler nicht schon in der Box steht, sondern in deinen Ball hineinstartet. So kannst du schon einmal üben, den Ball richtig zu timen und zu dosieren. Solltest du keinen Trainingspartner zur Verfügung haben, kannst du dir auch einfach ein Zielfeld aufbauen. Versuche den Ball immer wieder identisch in die Zielzone zu spielen.

🔍 Tipps & Tricks

1. Der Anlauf

Für die Flanke stellst du dich deutlich seitlicher zum Ball. (1) Die Entfernung zum Ball machst du davon abhängig,

wie viel Power du in den Ball hinein-
legen willst. In der Regel werden 2 bis
4 Schritte benötigt. Weil jeder Spieler
seine ganz eigene, individuelle Technik entwickelt, kann es auch sein,
dass du einen Schritt mehr benötigst.
Baue während des Anlaufs wieder viel
Spannung auf. Du kannst deine letzten
1 bis 2 Schritte etwas deutlicher auf
dem Vorderfuß machen, um noch

etwas mehr Spannung zu erzeugen.
(2, 3) Auch dein gegengleicher Arm
muss wieder ausholen, ähnlich wie
beim Flugball. Viele Spieler benötigen
bei der Flanke aber keine ganz so aus-
giebige Armbewegung wie beim Flugball. Finde für dich selbst heraus, wie
es sich am besten anfühlt. Beachte bei
dieser Technik: Dein Anlauf zum Ball
führt in eine Richtung. Den Ball spielst
du aber in eine andere Richtung.

2. Ausholen & Standbein

Deinen Schwung mit dem Spielbein
holst du von schräg hinten. Durch das
Setzen deines Standfußes passiert
das von ganz allein. Das Setzen des
Standfußes ist für eine gute Flanke
essenziell. Diesen positionierst du wieder so, dass deine Fußspitze möglichst
Richtung Ziel zeigt. Du musst deinen
Fuß aber eher schräg stellen. (4) Das
liegt daran, dass du deinen Fuß in der

Regel gar nicht komplett zum Ziel ausrichten kannst. Den Abstand zum Ball wählst du mit 1 bis 2 Fußbreit. (5) Auch dein Oberkörper nimmt wieder eine tragende Rolle ein. Lehne dich während des Ausholens schon leicht zu der Seite hin, zu der du den Ball spielen willst. (5, 6)

3. Treffpunkt von Ball und Fuß

Den Ball erwischen solltest du mit dem vorderen Teil deiner Fußinnenseite am Übergang zwischen Innenseite und Spann. Als Orientierung kannst du den Gelenkknochen deines großen Zehs nehmen. Damit das funktioniert, musst du deine Fußspitze wieder nach unten drücken und leicht nach außen drehen. Du hast also auch wieder Spannung auf deinem Fußgelenk. Der Ball sollte seitlich und leicht unterhalb getroffen werden. Spielst

du den Ball mit dem rechten Fuß, so solltest du den Ball also nicht zentral treffen, sondern etwas weiter links. Je weiter außen du den Ball trittst, desto mehr Rotation wird er haben. Bedenke aber, dass der Ball an Schärfe verliert, wenn du ihn zu weit außen triffst. Für die Höhe gilt auch hier wieder: Je höher deine Flanke fliegen soll, desto weiter unten musst du den Ball dafür treffen. Durch den seitlichen Treffpunkt und die Art, wie du schwingst, wird sich der Ball seitlich um die eigene Achse drehen. Durch diese seitliche Rotation fliegt der Ball nicht mehr in einer geraden Linie, sondern in einer Kurve.

4. Ausschwingen

Das Spielbein schwingst du weit durch. Allerdings nicht gerade nach vorn, sondern zu der Seite, wo du hin-

spielst. (7, 8) Während dein Schussbein zum Ball schwingt, streckst du
den Fuß nach unten durch und drehst
die Fußspitze minimal nach außen.
Direkt nachdem du den Ball trittst,
ziehst du deine Fußspitze leicht hoch
und drehst das Fußgelenk etwas
nach innen. Dein Bein bewegt sich
beim Ausschwingen auch etwas nach
oben, weil du mit viel Power durchschwingst. Dein Fuß entfernt sich also
ganz deutlich vom Boden in die Höhe.
Aufgrund deines kräftigen Schwunges
kann es passieren, dass sich auch
dein Standbein für einen kurzen Moment vom Boden entfernt. Du solltest
dann auf deinem Spielfuß landen! (9)
Je weiter du dich mit deinem Oberkörper nach hinten lehnst, desto mehr
Höhe wird der Ball gewinnen. Willst du
den Ball in einer flacheren Flugkurve
spielen, musst du dich weiter über
den Ball lehnen.
Die seitliche Rotation hat viele Vorteile. Der Ball bewegt sich deutlich
schneller, als wenn er rückwärts
rotiert. Dadurch ist er schwerer zu
verteidigen. Außerdem kannst du den
Ball durch die Kurve, die du mit deiner
Flanke erzeugst, bewusst vom Tor
wegziehen oder zum Tor hindrehen.

🔍 Tipps für Flanken aus dem Dribbling

Aus einem schnellen Dribbling heraus eine präzise und scharfe Flanke zu schlagen ist hochanspruchsvoll. Hier gilt üben, üben, üben! Achte dabei auf folgende Dinge:

1. Beginne unbedingt mit einem langsamen Dribbling und steigere das Tempo stufenweise.

2. Laufe zunächst nicht kerzengerade auf die Grundlinie zu, sondern etwas schräg in die Feldmitte hinein, sodass es noch nicht ganz so schwierig ist, um den Ball herumzukommen. Kannst du so präzise und scharfe Flanken schlagen, kannst du immer direkter auf die Grundlinie zulaufen.

3. Variiere deine Flanken. Spiele scharfe und sanfte Flanken genauso wie hohe, halbhohe und flache.

Denk immer daran, dass dir die Spielsituation verrät, WO du die Flanke hinspielst und WIE du sie spielen musst.

Ballverarbeitung

Der sogenannte erste Kontakt ist einer der entscheidenden Faktoren, der einen Profispieler von einem Amateur abhebt! Also musst du in der Lage sein, den Ball auf unterschiedliche Art und Weise zu verarbeiten.

Grundsätzliche Ballverarbeitung

Um deinen ersten Kontakt zu pflegen, bietet sich das Training mit einer Prallwand optimal an. Du kannst den Ball auf unterschiedlichste Weise an die Wand spielen und dadurch alle Varianten der Ballverarbeitung üben. Du kannst den Ball mit der Außenseite, dem Spann, der Innenseite, deinem Oberschenkel, deiner Brust und dem Kopf verarbeiten!

Außerdem solltest du auch die Richtung deines ersten Kontakts variieren. Nimm den Ball mal mit nach vorne, mal zur Seite oder dreh dich mit dem ersten Kontakt von der Wand weg, sodass du mit dem Rücken zu ihr stehst und der Ball vor dir liegt.

Zusätzlich kannst du deine Anschlussaktion, also die erste Aktion nach dem ersten Kontakt, variieren. Schließe deiner Ballverarbeitung umgehend eine Finte, einen Pass oder einen Schuss an.

Damit dir ein sauberer erster Kontakt gelingt, solltest du dich immer in einer Ballerwartungshaltung befinden. Damit ist gemeint, dass du dich locker auf dem Vorderfuß in Bewegung befindest. Das ist wichtig, damit du schnell auf den Ball reagieren kannst und mit deinem ersten Kontakt schnell von der Stelle kommst. Als Steigerung kannst du auch eine Auftaktbewegung durchführen. Mache dafür einfach einen Ausfallschritt in eine Richtung und gehe dem Ball dann entgegen.

Berechne den Ball! An der Prallwand wirst du mit vielen Wiederholungen ein ausgeprägtes Gespür dafür entwickeln, wie der Ball sich bewegt und warum. Spielst du den Ball beispielsweise mit Schnitt an die Wand, so kommt er anders zurück, als wenn du ihn kerzengerade ohne Rotation spielst. Du selbst kannst also bestimmen, wie der Ball auf dich zurollen soll, also auch, wie du ihn verarbeiten musst. Versuche so schnell wie möglich zu erfassen, wo genau der Ball hinkommt. Denn davon machst du abhängig, mit welchem Körperteil du den Ball verarbeitest und wo du dich gegebenenfalls hinbewegen musst, um ihn zu erwischen. Versuche außerdem schnell zu verstehen, wie scharf der Ball auf dich zukommt, damit du ihn bei der Annahme richtig abfederst.

Tipps für die unterschiedlichen Nutzflächen

Innenseite/Außenseite

Mit diesen beiden Nutzflächen nimmst du die meisten Bälle an – sie MUSST du perfekt beherrschen! Du kannst zunächst sanfte Bälle in die Wand spielen und die langsamen Bälle verarbeiten. Willst du den Ball mit der Außenseite annehmen, kippst du den Fuß weit nach innen. Nun hältst du deinen Fuß in den Ball und stoppst ihn mit der großen Fläche deines Mittelfußes ab.

Willst du den Ball mit der Innenseite stoppen, so drehst du das Fußgelenk nach außen. Entscheidend ist aber, dass du scharfe Bälle verarbeiten kannst. Du solltest also irgendwann den Punkt erreichen, an dem du den Ball mit viel Druck an die Wand spielst. Damit die Ballannahme nun immer noch funktioniert, gilt es, die Schnelligkeit oder die Energie aus dem Ball zu saugen, damit er nah bei dir bleibt. Dafür musst du ihn abfedern! Gehe dem Ball also mit dem Fuß leicht entgegen, während er sich dir annähert. Bewege deinen Fuß dann gemeinsam mit dem rollenden Ball zurück und fange ihn quasi auf. Gehe leicht in die Knie, damit du deinen Körperschwerpunkt etwas nach unten verlagerst, und lehne dich während des ersten Kontakts etwas nach vorne, sodass du dich über dem Ball befindest.

Oberschenkel

Für den Oberschenkel gilt das gleiche Prinzip. Ziehe den Oberschenkel im richtigen Moment leicht zurück, um die Energie aus dem Ball herauszunehmen. Achte außerdem darauf, dass du dein Knie nicht zu weit hochziehst. Du willst den Ball nah bei dir, also im Idealfall direkt vor deinen Füßen, haben. Je weiter dein Knie Richtung Boden zeigt, desto eher wird der Ball direkt vor dir herunterfallen.

Brust

Bei der Ballannahme mit der Brust gilt das gleiche Prinzip ganz ähnlich. Willst du dir den Ball in die Höhe vorlegen, so fällst du mit deinem Oberkörper weit nach hinten, während du tief in die Knie gehst. Mit einem Wippen in den Knien gibst du dem Ball in dem Moment, wenn er deine Brust berührt, einen kleinen Impuls, sodass du ihn dir etwas weiter vom Körper wegspielst. Willst du ihn aber nah bei dir behalten, so musst du deutlich aufrechter bleiben. In der Regel hilft dir ein kleiner Hüpfer, um den Ball mit einer Schulter nach unten zu spielen. Du lässt deine Schulter einfach genau in dem Moment, in dem der Ball dich

berührt, etwas nach vorne und unten fallen. Welche Schulter du nimmst, machst du davon abhängig, welche näher zum Ball ist. Kommt der Ball exakt mittig auf dich zu, kannst du dir mit einer leichten Drehung aussuchen, ob du den Ball lieber auf den rechten oder auf den linken Fuß spielen willst.

🔦 Bedenke

Die technische Ausführung deiner Ballverarbeitung ist nur eine von zwei entscheidenden Ebenen. Die zweite Ebene ist immer deine Wahrnehmung auf dem Spielfeld. Du musst zu jeder Zeit wissen, wo sich deine Mit- und Gegenspieler befinden. Denn nur davon machst du jederzeit abhängig, wie du einen Ball wohin verarbeitest. Ein entscheidender Faktor beim Training des ersten Kontakts ist also

immer die „Vororientierung". Damit ist gemeint, dass du dich, kurz bevor der Ball bei dir ist, noch einmal umschaust. Du kannst das zum Beispiel mit einem Schulterblick üben. Achte hierbei darauf, dass dein Schulterblick genau das richtige Timing hat. Schaust du zu früh, vergeht bis zu dem Moment, wenn der Ball bei dir ist und du deine Aktion ausführst, zu viel Zeit. Dein Gegenspieler kann also schon viel näher dran sein. Aber Achtung! Schaust du zu spät über die Schulter, so wird dir der Ball immer wieder verspringen. Oder er rutscht dir unter dem Fuß hindurch. Der Ball ist das, was zählt! Es nützt dir nichts zu wissen, wo deine Mit- und Gegenspieler gerade sind, wenn du den Ball verstolperst. Du siehst, es ist ein kleines Zeitfenster, das du erwischen musst. Es gilt: üben, üben, üben!

Schießen

Im folgenden Kapitel betrachten wir die Torschusstechniken im Detail. Damit dein Torschusstraining maximal effektiv ist, ist es wichtig, dass du dir die Bewegungsabläufe bewusst machst!

Vollspann

Die Technik bietet sich an, um mit viel Power in einer geraden Flugbahn zu schießen, vor allem für Schüsse aus größerer Distanz.

⚽ Ausführung

Du kannst im Training mit einer Prallwand arbeiten, aber auch auf ein Tor oder ein anderes Ziel schießen. Beginne zunächst mit einem ruhenden Ball, schieße dann einen Ball, der auf dich zurollt, und steigere abschließend auf einen Vollspannschuss aus dem Dribbling heraus.

🔍 Tipps & Tricks

Um den Vollspannstoß im Detail zu verstehen, teilen wir den Bewegungsablauf in vier Phasen. Den Anlauf, das Ausholen und das Setzen des Standbeines, den Treffpunkt von Ball und Fuß sowie das Ausschwingen.

1. Der Anlauf

Positioniere dich leicht seitlich versetzt hinter dem Ball. Während du dich auf den Ball zubewegst, baust du viel Spannung auf. Je härter du schießen willst, desto schneller solltest du dich auf den Ball zubewegen. Hole mit deinem gegengleichen Arm aus. Er fährt zur Seite aus und bewegt sich kreisförmig nach hinten. (1–6)

2. Ausholen & Standbein

Deinen Standfuß setzt du ein bis anderthalb Fußbreit neben dem Ball ab. Verlagere dein Gewicht auf das Standbein und verschaffe dir einen festen Stand. Während du deinen Fuß

absetzt, gehst du leicht ins Knie. Deine Fußspitze zeigt Richtung Ziel. (5) Mit deinem Schussbein holst du weit nach

hinten aus. Dabei ist dein Knie angewinkelt! In dem Moment, in dem dein Schussbein weit hinten ist, sollte dein gegengleicher Arm ausgefahren sein, damit du das Gleichgewicht wahrst. Während dein Bein nun rasch nach vorne zum Ball schnellt, drückst du deine Fußspitze nach unten. Dabei solltest du viel Spannung auf deinem Fußgelenk haben. (8) Wenn du den Ball triffst, ist dein Oberkörper über dem Ball oder zumindest in einer geraden

Ausrichtung und nicht bereits zurück-
gelehnt. Als Orientierung hilft es dir,
darauf zu achten, dein Knie oder die
Nasenspitze über dem Ball zu haben,
wenn du den Ball triffst. Im Bild siehst
du, wie das Knie des Standbeins über
dem Ball ist. (9)

3. Treffpunkt von Ball und Fuß
Den Ball solltest du mit deinem Vollspann exakt mittig treffen. (S. 79, 7) Je
weiter unten du den Ball triffst, desto
höher fliegt er. Und je weiter du dich
beim Schießen nach hinten lehnst, desto höher fliegt der Ball. Nur wenn der

Ball kerzengerade ohne Rotation fliegt, hast du ihn richtig getroffen. Einzig eine leichte Rückwärtsrotation darf der Ball haben. Der Ball gibt dir das nötige Feedback. So kannst du überprüfen, ob du alles richtig gemacht hast.

4. Ausschwingen

Dein Spielbein muss möglichst gerade von hinten nach vorne durchschwingen. Je schneller du deine Schwungbewegung ausführst, desto mehr Energie erzeugst du. Du schießt also härter. Das Schussbein schwingt nach vorne und oben. Der Arm geht schräg nach unten in Richtung des Hüftknochens des Schussbeines. Wenn du sehr weit und mit viel Power durchschwingst, kann es passieren, dass dein Standbein vom Boden abhebt. Lande einfach auf deinem Schussbein und bewahre so dein Gleichgewicht. Stell dir vor, mit deinem Schuss durch den Ball hindurchzulaufen. So legst du garantiert viel Power in den Ball. (10–14)

Innenseitstoß

Im Gegensatz zum Vollspannstoß verwendest du den Innenseitstoß eher aus einer kürzeren Distanz. Es entstehen immer wieder Situationen, in denen der Ball nur noch gezielt mit etwas Druck aufs Tor gebracht werden muss.

⚽ Ausführung

In den meisten Fällen verwendest du diese Technik bei einer Direktabnahme. Vor allem bei Bällen, die etwas schärfer auf dich zukommen. Dennoch kannst du die richtige Fußhaltung sowie den richtigen Treffpunkt am Ball am besten trainieren, wenn du mit einem ruhenden Ball beginnst. Wenn du mit einem Trainingspartner oder einer Prallwand arbeitest, wirst du merken, dass dir die Technik am leichtesten fällt, wenn der Ball auf dich zurollt. Im letzten Schritt kannst du üben, den Innenseitstoß aus dem Dribbling heraus durchzuführen.

🔍 Tipps & Tricks

Grundsätzlich ist die Technik exakt dieselbe wie beim flachen Innenseitpass, den du im Kapitel Passspiel bereits gelernt hast. Beim Torschuss willst du in der Regel deutlich mehr Power in den Ball legen als beim Passspiel. Du musst mit deinem

Schwungbein also weiter von hinten ausholen. Je weiter du ausholst, desto eher kann man hinter dir stehend deine Fußsohle sehen. (1) Außerdem musst du deine Schwungbewegung in den Ball deutlich schneller ausführen. Insgesamt solltest du beim Anlauf deutlich mehr Spannung aufbauen. Verlagere deinen Körperschwerpunkt noch etwas weiter nach unten, indem du mit dem Standbein noch weiter ins Knie gehst. (2–4)

Lehne auch deinen Oberkörper noch etwas weiter über den Ball. Um die Höhe deines Schusses zu kontrollieren. Wenn du Probleme hast, richtig nach oben durchzuschwingen, kannst du noch etwas weiter ins Knie gehen und deine Hüfte leicht nach hinten kippen, während du den Ball triffst. Bedenke bei dieser Technik aber, dass du in den meisten Fällen gar nicht ganz durchschwingen musst. In vielen Situationen hältst du den Fuß nur richtig in den Ball oder schwingst nicht viel weiter durch als beim Innenseitpass. Wie immer machst du dies von der Spielsituation abhängig. (2–4)

Schlenzer

Der Schlenzer ist eine wunderbare Schusstechnik, die in den letzten Jahren immer populärer wurde. Diese Technik funktioniert ideal, wenn du aus dem Dribbling kommst. Auch für eine Direktabnahme eignet sich der Schlenzer sehr gut, um präzise Abschlüsse aufs Tor zu bringen.

⚽ Ausführung

Auch an dieser Stelle kannst du mit einem ruhenden Ball beginnen, um ein Gefühl zu entwickeln, mit welchem Teil deines Fußes du den Ball an der richtigen Stelle treffen musst. In der zweiten Stufe lässt du dir den Ball zuspielen oder arbeitest mit einer Prallwand. So kannst du den Schlenzer als Direktabnahme trainieren. In der letzten Stufe solltest du trainieren, aus dem Dribbling heraus zu schießen.

🔍 Tipps & Tricks

Der Schlenzer ist eine komplexe Technik. In Teilen ist er aber mit der Flanke, die du bereits im Kapitel Passspiel gelernt hast, verwandt. Auch der Schlenzer wird in die bekannten vier Phasen eingeteilt.

1. Der Anlauf

Ähnlich wie bei der Flanke positionierst du dich sehr schräg hinter dem Ball. Dies variiert von Spieler zu Spieler. (1) So verhält es sich auch bei der Entfernung, die du zum Ball einnehmen solltest. Es gibt Spieler, denen ein einziger Schritt reicht. Andere nehmen lieber vier, fünf Schritte Anlauf. Hier musst du durch viele Wiederholungen herausfinden, welche Entfernung sich für dich am besten anfühlt. Grundsätzlich kannst du dir aber merken:

Je schärfer du schießen willst und je größer die Distanz zum Tor ist, desto mehr Schritte Anlauf wirst du benötigen. Bei dieser Technik gibt es auch Spieler, die in einem leichten Bogen anlaufen. Sie machen quasi einen kleinen Schlenker, anstatt den Ball gerade anzulaufen. Probiere das einfach mal aus und finde heraus, ob es sich gut anfühlt.

2. Ausholen und Standbein
Deinen Standfuß setzt du ganz ähnlich wie bei der Flanke. Durch deinen schrägen Anlauf kannst du die Fußspitze nicht gerade zum Tor zeigen lassen. Deine Fußspitze ist also eher schräg ausgerichtet. Tu dies mit 1 bis 1,5 Fußbreit Entfernung zum Ball. (3) Verlagere dein Gewicht auf das Standbein. Lehne dich bei dieser Technik deutlich mit dem Oberkörper über den Ball. Dein gegengleicher Arm bewegt sich im Kreis von vorne nach hinten. Dein Schussbein holt, wie bei der Flanke, von schräg hinten aus, sodass du den Ball in deine gewünschte Richtung treten kannst. (3, 4)

3. Treffpunkt von Ball und Fuß

Deinen Schussfuß solltest du genauso strecken wie bei der Flanke. Die
Fußspitze nach unten drücken und
minimal nach außen drehen. (5) In
dem Moment, wenn du den Ball trittst,
drehst du dein Fußgelenk etwas nach
innen. Du folgst dem Ball mit deinem
Fuß. (6) Treffen solltest du den Ball
dabei mit dem vorderen Teil deiner
Fußinnenseite oder am Übergang
von Innenseite zu Vollspann. Den Ball
triffst du, wie bei der Flanke, seitlich. Das liegt daran, dass der Ball
beim Schlenzer wieder eine seitliche
Rotation haben soll. Der Ball soll also
eine Kurve machen. Du kannst den
Ball damit beispielsweise um einen
Gegenspieler herumzirkeln. Der Ball
darf außerdem ein wenig Topspin
haben. Das bedeutet, er dreht sich
leicht vorwärts um die eigene Achse.
Dadurch fällt der Ball am Ende der

Flugkurve etwas runter. Wie weit
oben du den Ball triffst, machst du
wieder davon abhängig, wie hoch du
schießen willst. Bedenke: Auch flache
Schlenzer sind enorm effektiv. Wenn
du den Ball mit viel Power und Rotation spielen willst, musst du ihn weit
genug oben treffen, um ihn flach am
Boden zu halten.

4. Ausschwingen

Dein Schussbein folgt dem Ball. Du
ziehst dein Bein also am Ende auf die
Seite deines Standbeins. Dabei ziehst
du das Bein mit einem angewinkelten
Knie recht weit nach oben. (7–9) Dein
Oberkörper sollte beim Treffen des
Balles nach vorne gebeugt sein und
darf sich mit dem Treten des Balles
nach hinten bewegen. Deine Hüfte
muss sich mit dem Schwung deines
Beines mitdrehen! Dein gegengleicher
Arm macht die entgegengesetzte

Bewegung zum Bein. Er bewegt sich also schräg nach unten, während das Bein schräg nach oben schwingt. (7, 6) Am Ende der Bewegung gibt es ganz unterschiedliche Varianten. Einige Spieler kippen einfach leicht zur Standbeinseite, landen auf dem Schussfuß und ziehen das Standbein hinterher.

Andere Spieler heben viel deutlicher mit dem Standbein vom Boden ab. (10–15)

Für den Schlenzer aus dem Dribbling heraus solltest du darauf achten, dass dein letzter Schritt vor dem Schuss nicht zu groß ist. Außerdem ist es enorm wichtig, dass du dein Standbein nicht zu weit vom Ball entfernt setzt.

Volley

Volley bedeutet, dass der Ball direkt aus der Luft genommen wird.

⚽ Ausführung

Für das Volleytraining hilft ein Trainingspartner, der dir gezielt den Ball in unterschiedlichen Höhen zuwirft. So kannst du ein Gespür dafür entwickeln, wie du dich zu den unterschiedlichen Bällen stellen musst. Außerdem kannst du so üben, wie du dein Bein schwingen musst. Lasse dir den Ball zunächst relativ weit nach unten in Richtung deines Fußes werfen, und trainiere, den Ball mit einem geraden Schwung von hinten nach vorne aufs Tor zu schießen. Im weiteren Verlauf sollte dein Partner den Ball immer höher werfen. Außerdem sollte der Ball etwas weiter zu deiner Seite kommen und nicht auf deine Körpermitte.

🔍 Tipps & Tricks

Das Wichtigste für einen guten Volley ist immer dein Stand. Stelle dich immer so zum Ball, dass du ihn genau mit dem Vollspann erwischst, wenn du dein Bein streckst. Außerdem musst du deinen Körper richtig zum Ball drehen. Dein Oberkörper und deine Hüfte müssen sich bei dieser Technik mitdrehen.
Wenn du den Ball mit einem geraden Schwung von hinten nach vorne Volley nimmst, kannst du deinen Körper komplett zur Schusslinie hin ausrichten. Deine Fußspitze vom Standfuß, deine Hüfte sowie deine Schultern zeigen alle zum Ziel. Während du zum Ball schwingst, drückst du dein Fußgelenk nach unten durch, sodass du den Ball mit dem Vollspann treffen kannst. Dein Fußgelenk braucht dabei sehr viel Spannung. Beuge dich etwas nach vorne, sonst geht der Ball zu weit nach oben. Beim Ausschwingen deines Spielbeins solltest du versuchen, nicht zur Seite abzudriften. Die einzige Ausnahme gilt hier, wenn du den Ball ein wenig über den Spann rutschen lassen willst. Das ist gelegentlich sinnvoll. In diesem Fall schwingst du dein Bein am Ende der Schwungbewegung etwas nach innen. Komplexer wird es, wenn du nicht mehr gerade von hinten nach vorne schwingen kannst, weil der Ball zu hoch oder zu weit an deiner Seite angeflogen kommt. Wir unterscheiden also zwischen einem frontalen und einem seitlichen Volley.
Für alle Volleyarten ist entscheidend, dass du richtig hinter den Ball kommst, damit du deine Schwungbewegung wirksam durchziehen kannst.

Knuckle-Ball

... ist eine Technik, bei der der Ball keinerlei Rotation hat. Dadurch fängt er unvorhersehbar an zu flattern. Diese Technik ist hochanspruchsvoll und bedarf jeder Menge Wiederholungen. (1–5)

⚽ Ausführung

Bei dieser Technik kann es dir helfen, den Ball leicht nach vorne zu rollen, bevor du schießt. Denn die einzige Rotation, die der Ball haben darf, ist Topspin, also ein leichter Vorwärtsdrall. Es kann sein, dass es dir so leichterfällt, dem Ball die richtige Rotation zu geben. Wenn du dich mit der Technik langsam wohlfühlst, kannst du beginnen, auch ruhende Bälle zu treten. Aber sei geduldig. Denn diese Technik braucht unheimlich viele Wiederholungen. Bleib dran, trainiere fleißig, dann wirst du bald auch den „Knuckle-Ball", genau wie alle anderen Techniken, meistern! Im Idealfall trainierst du an einer hohen Prallwand oder eben mit einem Trainingspartner im Tor.

🔍 Tipps & Tricks

1. Der Anlauf

Positioniere dich leicht seitlich versetzt hinter dem Ball. Deinen Anlauf solltest du ganz deutlich auf den Vorderfüßen ausführen. Dein letzter Schritt mit deinem Schussfuß, bevor

du schießt, sollte nur ganz kurz auf dem Boden aufsetzen. Hier solltest du wirklich nur auf deinen Zehenspitzen auftreten. Du fixierst dein Fußgelenk beim letzten Schritt extrem. Außerdem drückst du dich während dieses letzten Schritts leicht nach oben ab. Du wirst also für einen kurzen Moment etwas größer. Durch diesen Ablauf erzeugst du noch mehr Spannung in deinem Körper. Vor allem dein Fußgelenk hat schon beim letzten Schritt auf den Ball zu enorm viel Spannung. Diese Spannung benötigst du, um die Technik korrekt auszuführen. Mit etwas Training wirst du ein Gefühl für den Ablauf entwickeln. Und dann wird dein Anlauf ein absoluter Boost für deine Körperspannung sein. Achte darauf, dass sich dein Oberkörper schon leicht nach vorne beugt. (6–8)

2. Ausholen und Standbein
Dein Standbein ist gerade zum Ziel ausgerichtet. Auch deine Fußspitze zeigt zum Ziel. Deinen Fuß kannst du etwas weiter vorne absetzen als gewöhnlich. Deine Fußspitze darf den Ball also quasi „überragen". (S. 94, 9) Bei der Ausholbewegung mit deinem gegengleichen Arm streckst du diesen eher zur Seite und schwingst ihn in dem Moment, in dem du den Ball triffst, mit einer zügigen Bewegung nach innen. (8)

3. Treffpunkt Ball und Fuß

Bevor du den Ball triffst, sollte deine Fußspitze deutlich nach unten zeigen und etwas nach außen gedreht sein. Die Fußhaltung soll so sein, dass du den Ball mit dem Übergang von Innenseite zu Vollspann treffen kannst. (9)

Sehr entscheidend ist nun, wo genau du den Ball erwischst. Das Ziel ist es, einen Ball zu schießen, der möglichst keine Rotation hat. Versuche den Ball also möglichst zentral zu treffen. Du kannst ihn ganz leicht unterhalb der Mitte treffen, damit der Ball in die Luft geht. Wenn du ihn zu weit oben triffst, bleibt der Ball am Boden, und du wirst nicht den gewünschten „Flatter-Effekt" erzeugen. Der Ball kommt nur dann ins Flattern, wenn er fliegt. Als Orientierungshilfe kannst du dir den Ball so hinlegen, dass dir das Ventil des Balls eine visuelle Unterstützung gibt, an welcher Stelle du den Ball treffen willst.

4. Ausschwingen

Das Ausschwingen ist ein wesentlicher Bestandteil, für den Erfolg des Knuckle-Balls. Dein Schussbein schwingt ein wenig zur Seite deines Standbeines. Dort setzt du dein Schussbein auch ab. Du stehst am Ende der Bewegung eventuell für kurze Zeit über Kreuz. Deinen Schussfuß ziehst du beim Ausschwingen nicht so weit nach oben. Der Fuß bleibt also etwas näher zum Boden. Durch dein etwas schräges Ausschwingen verlagert sich dein Körpergewicht zur Seite. Das Nachziehen deines Standfußes, sodass du wieder im normalen Stand bist, passiert quasi von allein, weil dein Körper automatisch um Gleichgewicht bemüht ist. (10–12) Dein Oberkörper beugt sich leicht nach vorne. Im Gegensatz zu den meisten anderen Techniken kippst du deinen Oberkörper im Moment des Schusses auch nicht deutlich nach hinten. Beim Ausschwingen kannst du deine Hüfte ein wenig

nach hinten kippen, sodass du dein Schussbein trotzdem etwas nach oben geschwungen bekommst. (13, 14) So viel zur Theorie. Den Bewegungsablauf richtig hinzubekommen, erfordert viele Stunden Training. Aber das viele Training lohnt sich. Denn jeder Torhüter fürchtet sich vor dem Knuckle-Ball. Er ist unmöglich zu berechnen. Es gibt viele Techniken, die zum Knuckle-Ball führen. David

Luiz schießt seinen Knuckle-Ball ganz anders als Ronaldo. Entscheidend ist, den Ball powervoll zu treten, sodass er keine Rotation bekommt. Übe fleißig an dieser Technik und du wirst in deiner Karriere noch viele Traumtore erzielen.

Athletiktraining

Deine Vorbilder auf dem Platz sind schnell, wendig und kraftvoll. Sie können bis zum Ende eines Spiels spritzig und aggressiv ein hohes Tempo halten. Du bist sicher oft beeindruckt, welche enormen Distanzen dein Lieblingsspieler in einem Match auf dem Platz zurücklegt.

Der moderne Fußball setzt sich aus vielen verschiedenen Komponenten zusammen: Technik, Taktik, Mentalität, Kreativität, Wahrnehmung, individuelle Klasse und Teamfähigkeit. Einen kleinen, aber entscheidenden Baustein bildet dabei die Fitness oder Athletik.

Eine gute Fitness bringt dir im Spiel viele eindeutige Vorteile: Du bist schneller am Ball, gewinnst mehr Zweikämpfe, kannst deine Konzentration länger aufrechterhalten und machst weniger Fehler in der Technik mit dem Ball und bei deinen vielen Entscheidungen auf dem Platz.

Bedenke: Was du tun musst, ist konsequent trainieren. Beginne jetzt damit, deine Athletik zu verbessern und deine Fitness aufzubauen. Du wirst langfristig davon profitieren, versprochen!

Das beste Training für einen Fußballspieler ist natürlich das Fußballtraining an sich. Es gibt jedoch Übungen, die das Training vorbereiten und auch die Regeneration nach der Einheit beschleunigen, die nichts mit dem Ball zu tun haben. Diese Übungen sind ganz wichtig für dich, um Verletzungen vorzubeugen und deine Stabilität und Beweglichkeit zu verbessern.

Wir möchten dir zeigen, mit welchen Trainingsübungen du – um deine Fußballtrainingseinheit im Verein herum – athletische Reize aus den Bereichen Stabilität, Beweglichkeit, Koordination, Schnelligkeit und Regeneration setzen kannst. Du wirst so deine Fitness und Athletik steigern und dich als Fußballspieler verbessern. Du kannst diese Übungen alleine oder als Partnerübungen mit einem Freund, einer Freundin oder deiner Familie zu Hause leicht durchführen. Baue die Athletikübungen in deinen Trainingsalltag ein, um dich stetig zu verbessern und lange Spaß am Fußball zu haben.

Dranbleiben

Das Athletiktraining besteht aus unterschiedlichen Bereichen und wird dich zu einem kompletteren Athleten machen. Du wirst durch das Training ausdauernder, kräftiger, schneller, beweglicher, stabiler, koordinativer, spritziger und gewandter.

Da du das Training zu Hause durchführen kannst, ermöglicht es dir, jeden

Tag an deiner Athletik zu arbeiten. Wir vom Deutschen Fußball Internat hoffen, dass du mit Spaß zum Erfolg kommst und den Effekt deines Fitnesstrainings im Spiel merken wirst!

Zubehör

Für die gezeigten Übungen brauchst du nur wenige verschiedene Fitness- und Physiotools, die dir auch in der Zukunft sehr nützlich sein werden. Wir empfehlen dir, dass du dir das eine oder andere Zubehör anschaffst.

- Eine Gummimatte, also eine dämpfende und rutschfeste Unterlage, die für viele Übungen auf dem Platz oder zu Hause nützlich ist.
- Widerstandsbänder unterschiedlicher Stärke: für das Kraft- und Stabilisationstraining.
- Resistance- oder Bungee-Bänder: für Schnelligkeitstraining, um einen höheren Widerstand zu erzeugen.

Grundposition und Ausführung

Jede Übung beginnt in der Grundstellung, in der du hüftbreit und stabil stehend beginnst. Schiebe dein Gesäß nach hinten unten, beuge deine Beine leicht und neige dich dann mit deinem Rücken etwas nach vorn. Du solltest deine Fußspitzen gut sehen können. Die Dehnposition wird bei der Übungsausführung aktiv eingenommen, kurz gehalten und dann aktiv wieder gelöst. Die Bewegungsabfolge wird 8 bis 10 Mal hintereinander ausgeführt.

Stabilität

Mobilitäts- und Stabilitätsübungen verbessern deine Beweglichkeit und dein Gleichgewicht und sind außerdem koordinativ recht anspruchsvoll. Stabilität ist viel mehr als eine definierte Körpermitte oder ein Waschbrettbauch. Mit den folgenden funktionellen Stabilitätsübungen aktivierst du wichtige Muskelgruppen und führst gleichzeitig ein aktives, dynamisches Dehnen aus.

Standwaage

Stelle dich auf ein Bein, die Fußspitze zeigt nach vorn, und das Knie ist leicht gebeugt. Halte den Brustkorb aufrecht und ziehe die Schulterblätter nach hinten unten. Beuge dich aus den Hüften nach vorn und führe den Oberkörper nach unten. Gleichzeitig streckst du das freie Bein nach hinten oben. Bein und Oberkörper befinden sich nun parallel zum Boden, dein Körper sollte vom Hinterkopf bis zur Ferse eine gerade Linie bilden.(1) Halte die Position ein, zwei Sekunden lang. Spanne dann die Muskeln an Gesäß und Oberschenkelrückseite des Standbeins an, um das freie Bein abzusenken und im selben Schwung nach oben anzuheben, bis du es vor deinem Körper mit den Händen umfassen kannst. Ziehe es zur Brust und achte dabei auf einen aufrechten Oberkörper. (2, 3)

🏃 Variation:

Hebe kurz die Ferse an und stelle dich auf die Zehenspitzen. Dein Blick geht nach vorn. Diese Variante ist etwas wackliger und schult deine Stabilität noch mehr. Setze dann den Fuß wieder mit der ganzen Sohle auf dem Boden auf, senke das Bein ab und führe die nächste Wiederholung aus. Wechsle anschließend das Bein.

👉 Fordere Dich

Wenn du diese Übungsausführung fleißig geübt hast und sie stabil ausführen kannst, bist du bereit, dich weiter zu fordern. Hierbei nimmst du einen Ball in beide Hände und führst diesen aus der gestreckten Armposition an dein vor der Brust angezogenes Bein. (4, 5) Wiederhole nun die Abfolge mit dem anderen Bein. Wenn du auch diese Bewegung fast mit geschlossenen Augen stabil durchführen kannst, fordere dich noch mehr und stelle dich mit deinem Standbein auf ein gerolltes Handtuch oder ein Balance-Pad.

Pässe im Ausfallschritt

Nimm einen aufrechten, hüftbreiten Stand ein und verlagere dein Gewicht hauptsächlich auf einen Fuß. Mache

mit dem anderen Fuß einen Ausfallschritt rückwärts, bis das Knie des hinteren Beins knapp über dem Boden ist. Diese Grundposition hältst du 2 bis 3 Sekunden. (1)

Nun strecke das gebeugte vordere Bein aus der Hüfte heraus und bringe dein hinteres Bein langsam und kontrolliert nach vorne. Dein Partner wirft dir auf Kniehöhe einen Ball zu, den du in der Luft mit der Fußinnenseite in seine Arme zurückpasst. (2–3)

Wenn der Ball deinen Fuß verlassen

Unterarmstütz mit Rudern

Gehe frontal zu einem Pfosten (beispielsweise ein Torfosten auf dem Fußballplatz), an dem du ein Widerstandsband befestigt hast, in den Unterarmstütz und fasse mit einer Hand das Band fest an. Halte den Körper vom Kopf bis zu den Fußgelenken gerade und den Arm, der das Band hält, möglichst weit nach vorne. (1)
Ziehe das Widerstandsband in einer fließenden Bewegung zur Schulter und dann zur Hüfte, indem du den El-

hat, bringst du das Passbein langsam zurück in die Grundposition, bis das Knie wieder knapp über dem Boden ist. Nach 8 bis 10 kompletten Durchgängen wiederholst du die Abfolge mit dem anderen Bein.

👉 Fordere Dich

Wenn du diese Übung fleißig geübt hast und sie stabil ausführen kannst, bist du bereit, dich weiter zu fordern. Hierbei stellst du dich mit deinem Standbein auf ein gerolltes Handtuch oder ein Balance-Pad. Versuche nun die Übung genauso stabil und sicher auszuführen. (4, 5)

lenbogen beugst und streckst. (2, 3, l.) Führe nach der Streckung die Bewegung wieder fließend umgekehrt aus und kehre in die Ausgangsposition zurück. Wiederhole nach Beendigung der Übung nun die Abfolge mit dem anderen Arm.

Brustpass – einbeinig

Positioniere dich entweder ca. einen Meter vor einer Wand oder stelle dich mit deinem Trainingspartner mit einem Abstand von ca. eineinhalb Metern gegenüber auf.

Aus der dir schon bekannten Grundposition hebst du anschließend ein Bein an. (1)

Ziehe nun den Ball zur Brust und werfe ihn möglichst fest gegen die Wand oder zu deinem Trainingspartner, der den Ball mit angehobenem Bein fängt. (Siehe deine Grundposition.)

Dein angehobenes Bein führst du gestreckt nach hinten. (2)

Bringe dich nun wieder in die Grundposition und hebe dein Bein an. Nun bist du bereit, den Ball wieder zu fangen und die Bewegungsfolge erneut auszuführen. (3)

Wiederhole nun die Abfolge mit dem anderen Bein.

☛ Fordere Dich

Wenn du diese Übung stabil ausführen kannst, bist du bereit, dich weiter zu fordern. Hierbei stellst du dich mit deinem Standbein auf ein gerolltes Handtuch oder ein Balance-Pad. Versuche nun die Übung genauso stabil und sicher auszuführen.

Rudern im Seitstütz

Lege dich seitlich zu einem Pfosten (beispielsweise Torpfosten auf dem Fußballplatz), an dem du ein Widerstandsband befestigt hast, deine Brust zeigt frontal zum Pfosten. Nehme nun eine Seitstütz-Position ein, d. h., du stützt dich mit dem Unterarm auf dem Boden ab, die Füße liegen aufeinander, und der gestreckte obere Arm hält das Band mehr als eine Armlänge vom Körper entfernt.

Hebe das Becken vom Boden ab, sodass du vom Fußgelenk bis zur Schulter eine gerade Linie bildest. (1)

Ziehe nun das Band zum Rumpf und hebe gleichzeitig das Knie des oberen Beins in Richtung Brust. (2)

Strecke den Arm wieder nach vorne und bringe gleichzeitig das Bein in die Ausgangsposition zurück. Nach 8 bis 10 Wiederholungen wechselst du die Seite.

🍫 Expertentipp

Halte den Rumpf und das Becken immer stabil. Du darfst nicht nach unten sacken oder hin und her pendeln!

Beweglichkeit

Übungen für die Beweglichkeit haben das Athletiktraining grundlegend verändert und werden dir helfen, deine Leistung zu verbessern und Verletzungen vorzubeugen. Die folgenden Beweglichkeitsübungen verlängern, kräftigen, stabilisieren und gleichen Muskeln aus und bereiten dich außerdem auf bevorstehende Bewegungen im Training oder Spiel vor.

Handlauf

Gehe in eine Rumpfbeuge, dein Blick geht nach unten, versuche deine Arme gestreckt zu halten und stütze dich mit deinen Händen auf dem Boden ab. (1 r.) Mit gestreckten Beinen und angespanntem Bauch bewegst du deine

Hände vorwärts, bis du in einer Liege-stütz-Position bist. (2, 3) Bringe deine Füße mit kleinen Schritten zu deinen Händen und versuche dabei immer, deine Beine weiterhin gestreckt zu halten. (4, 5) Wiederhole nun die Übung 8 bis 10 Mal.

Knie umarmen

Nehme einen aufrechten Stand ein, die Arme werden vor der Brust eng am Körper überkreuzt. (1)
Hebe einen Fuß vom Boden ab, schie-be das Becken nach hinten unten und beuge das Standbein einige Zentime-ter. Spanne dabei den Gesäßmuskel des Standbeins an, fasse das Knie des angehobenen Beins mit beiden Händen und ziehe es zur Brust, wäh-rend du gleichzeitig das andere Bein streckst. Halte diese Position 2 bis 3 Sekunden. (2)

Während du in der Ausfallschritt-Position bist, drehe den Oberkörper erst auf eine Seite, halte diese Position für ein bis zwei Sekunden, komme zurück in die Ausgangsposition, halte diese wieder für 1 bis 2 Sekunden und drehe dann den Oberkörper zur anderen Seite. (4) Führe nun die komplette Übung aus, bis du jedes Bein 8 bis 10 Mal in den Ausfallschritt gebracht hast.

Entspanne dich und kehre in die Ausgangsposition zurück. Führe nun die Bewegung auf der anderen Seite aus.

🏃 Variation

Wenn du diese Übung sicher und stabil ausführen kannst, erhöhe nun den Schwierigkeitsgrad und erweitere sie mit einer Folgeübung. Hierbei machst du, nachdem du das Knie mit beiden Händen zur Brust gezogen hast und diese Position 2 bis 3 Sekunden gehalten hast, mit einem Bein einen großen Schritt nach vorne. Halte deinen Rücken und Oberkörper gerade. Halte die im 90-Grad-Winkel gebeugten Arme auf Schulterhöhe neben dem Körper. Senke nun deinen Körper ab, bis dein Knie auch einen Winkel von 90 Grad erreicht hat. Bringe dein vorderes Knie nicht über die Zehen hinaus. Das vordere Knie sollte sich direkt über dem Knöchel befinden. (3)

Beinschaukeln

Stell dich auf das linke Bein, Knie und Zehen sollten sich auf einer geraden Linie übereinander befinden. Dein Blick ist nach vorne gerichtet. Platziere das rechte Fußgelenk oberhalb des linken Knies auf dem Oberschen-

das Standbein. Greife mit beiden Händen Fußgelenk und Schienbein. Bleibe anschließend 2 bis 3 Sekunden in dieser Position stehen. (3)
Ziehe nun das gebeugte Bein noch ein Stück weiter an der Hüfte entlang nach oben.

kel. Beuge langsam das Knie und schiebe das Gesäß etwas nach hinten unten. Halte den Rücken gerade und die Brust aufrecht. Der Oberkörper darf auch hier ganz leicht nach vorn geneigt sein, sollte aber nicht zu weit nach vorn kippen. Strecke beide Arme mit aneinandergelegten Händen auf Brusthöhe aus. (1, 2)
Richte dich wieder auf und strecke

Variation

Hebe die Ferse des Standbeins vom Boden ab und stelle dich auf die Zehenspitzen. Halte diese Position mit aufrechtem Oberkörper wieder 2 bis 3 Sekunden, um eine komplette Ganzkörperstreckung zu erreichen. Anschließend stellst du dich wieder auf die ganze Fußsohle. (4) Wiederhole nun die Abfolge mit dem anderen Bein.

Schnelligkeit: Erkennen, Handeln und Reagieren

Schnellkraft

Schnelligkeitsübungen sind wichtige Komponenten im Fußball. Sie sind leicht in ein Training zu integrieren, zu variieren und zu erweitern. Im Spiel ist es ein entscheidender Vorteil, wenn du dich schnell bewegen kannst. So bist du mit einer guten Schnelligkeit in der Lage, deinem Gegenspieler davonzuziehen. Fußball ist gekennzeichnet durch immer wiederkehrende Antritte über kurze Distanzen. So ist es nicht nur bedeutend, dass du eine super Maximalgeschwindigkeit erreichen kannst, sondern auch dein Antritt muss trainiert werden. Wie schnell du beschleunigen kannst, ist ausschlaggebend, ob du als Verteidiger einen enteilten Stürmer wieder einholst, dich auf den ersten Metern vom Gegenspieler lösen oder in Lücken stoßen kannst oder als Erster am Ball bist.

Wir am Deutschen Fußball Internat trainieren die Schnelligkeit unserer Spieler oft mit sportartübergreifenden Übungen, die wir dir im Folgenden vorstellen möchten. Du kannst dieses Training, um die Bewegung noch fußballspezifischer zu machen, auch mit Schüssen, Flanken oder Pässen kombinieren, indem du zum Ball sprintest und dann eine Aktion ausführst.

Kniesprünge

Knie dich auf den Boden, deine Arme hängen dabei seitlich nach unten, und dein Oberkörper ist aufrecht. (1)

Spanne deine Beinmuskulatur an, bringe dein Gesäß in Richtung deiner Fersen und bewege deine Arme nach hinten, um Schwung zu holen. (2, l.) Während du deine Arme nun schnell nach oben führst und deine Hüfte nach

holungszahl, sondern steigere die Intensität durch ein höheres Körpergewicht, das du beispielsweise durch einen leicht gefüllten Rucksack erzielen kannst.

vorne schiebst, springst du in einer sehr schnell ausgeführten Bewegung auf die Füße. (3, l.) Versuche dabei in einer tiefen Kniebeuge-Position zu landen. (4, l.) Kehre anschließend zügig auf die Knie zurück und wiederhole die Ausführung, sooft du kannst, maximal sechs schnelle Ausführungen.

👉 Fordere Dich

Lass dich nicht entmutigen, wenn es zu Beginn deines Trainings noch nicht klappt oder du nur wenige Wiederholungen schaffst. Wenn du diese Übung fleißig trainierst, merkst du sehr schnell, wie du dich verbesserst. Falls du es schaffst, sechs Wiederholungen schnell und sauber auszuführen, dann erhöhe nicht die Wieder-

Lean – Fall – Run

Stelle dich im hüftbreiten Stand aufrecht hin, deine Arme hängen locker herunter, die Füße und dein Blick sind nach vorn gerichtet, dein Rücken ist gerade. (1, o.)
Spanne deine Rumpfmuskeln an und lass dich in dieser aufrechten Körperhaltung einfach nach vorne fallen, bis dein Körper einen etwa 45-Grad-Winkel zum Boden einnimmt. (2, o.)
Starte dann in einen 10 bis 20 Meter langen, maximal ausgeführten Sprint. (3, o.)

Run with Resistance

Nehme einen aufrechten Stand ein. Spanne die Rumpfmuskeln an und neige dich ganz leicht nach vorn. Du hast das Resistance-Band um deine Hüften gelegt, dein Partner hält das andere Ende des Bandes mit beiden Händen fest. (1)

Drücke dich mit dem linken Fuß ab und ziehe das rechte Knie mit jedem Schritt hoch bis zur Hüfte. Ziehe dabei die Fußspitzen nach oben und nehme den linken Arm aktiv mit. Bringe das hintere Bein komplett in die Streckung. Setze anschließend den Fuß energisch zurück auf den Boden. Dadurch schiebst du dich kraftvoll nach vorne. (2)

Drücke dich anschließend mit dem rechten Fuß vom Boden ab und ziehe das linke Knie nach oben.

Achte auf eine gute Hüftstreckung und auf einen sauberen, kraftvollen Abdruck des hinteren Beins. Konzentriere dich dabei auch auf eine lineare, aktive Armarbeit.

Bewege dich mit kraftvollen Skipping-Schritten auf gerader Linie nach vorne, die Arme schwingen gegengleich mit. Der Blick ist immer nach vorne gerichtet. Die Bodenkontaktzeiten werden möglichst kurz gehalten.

Dein Partner gibt dir einen angemessenen Widerstand, sodass du ein gutes Laufbild erhalten kannst, während du versuchst, mit größtmöglicher Kraft von der Stelle wegzukommen. Die maximale Bewegungsgeschwindigkeit solltest du sechs bis acht Sekunden halten.

Aufsteigesprünge frontal

Stelle dich in Schrittposition vor eine Stufe, Treppe oder ein Podest. Setze den rechten Fuß mit der ganzen Sohle auf die Stufe. Dein anderes Bein bleibt gestreckt auf dem Boden stehen. (1) Spanne deine Rumpf- und Gesäßmuskeln kräftig an und drücke dich allein mit der Kraft des auf der Stufe stehenden Beins nach oben ab, sodass du mit gestreckten Beinen in der Luft bist. Deine Arme unterstützen dich energisch beim Sprung. Dein Stützbein am Boden sollte nicht beim Abdrücken beteiligt sein. (2) Lande nun mit dem linken Bein wieder auf der Stufe, während das rechte Bein auf dem Boden abfedert. So schnell wie möglich wird die nächste Wiederholung ausgeführt, diesmal mit dem linken Bein. (3)

👉 Fordere Dich

Die Intensität der Übung kannst du steigern, indem du die Höhe der Stufe allmählich erhöhst. Außerdem kann ein gefüllter Rucksack deine Sprungkraft steigern.

Entscheidend beim Training deiner Explosivkraft ist die Aktionsschnelligkeit, d.h., wie schnell du eine Wiederholung ausführen kannst. Achte deshalb auf schnelle Bewegungsabläufe und kurze Bodenkontaktzeiten. 4 bis 6 maximal ausgeführte Wiederholungen dieser Übung sind ideal.

Sprints aus verschiedenen Positionen

Antritte aus unterschiedlichen Positionen sollen dir helfen, deine Reaktionsfähigkeit und deine Gewandtheit in Kombination mit dem Sprinten zu verbessern. Die folgenden Sprintvariationen kannst du alleine oder auch zusammen mit einem Freund ausführen. Entweder einer von euch beiden oder ein weiterer Trainingspartner gibt euch dann das Startsignal.

Der Sprint aus dem Liegestütz schult besonders die Vorlageposition in der Beschleunigung, während die Antritte mit Drehung eine fußballspezifische Bewegung simulieren.

Die maximale Bewegungsgeschwindigkeit solltest du bei allen Variationen 10 bis 20 Meter aufrechterhalten.

Sprint aus dem Liegestütz:

Nehme die Liegestützposition ein und sprinte, wenn das Signal zum Start ertönt, geradeaus in die Richtung, in die auch dein Blick geht.
(1, 2, 3)

Sprint mit einer 180-Grad-Drehung:

Nimm die Grundposition ein und halte die Arme schon in Laufposition. Wenn du das Signal zum Start hörst, drehst du dich, so schnell du kannst, um 180 Grad und rennst los. (4, 5, 6)

Sprint mit einer 90-Grad-Drehung

Nehme wieder die Grundposition ein und halte die Arme erneut in Laufposition. Diesmal drehst du dich, wenn das Signal zum Start ertönt, so schnell du kannst, um 90 Grad und rennst los. (7, 8, 9)

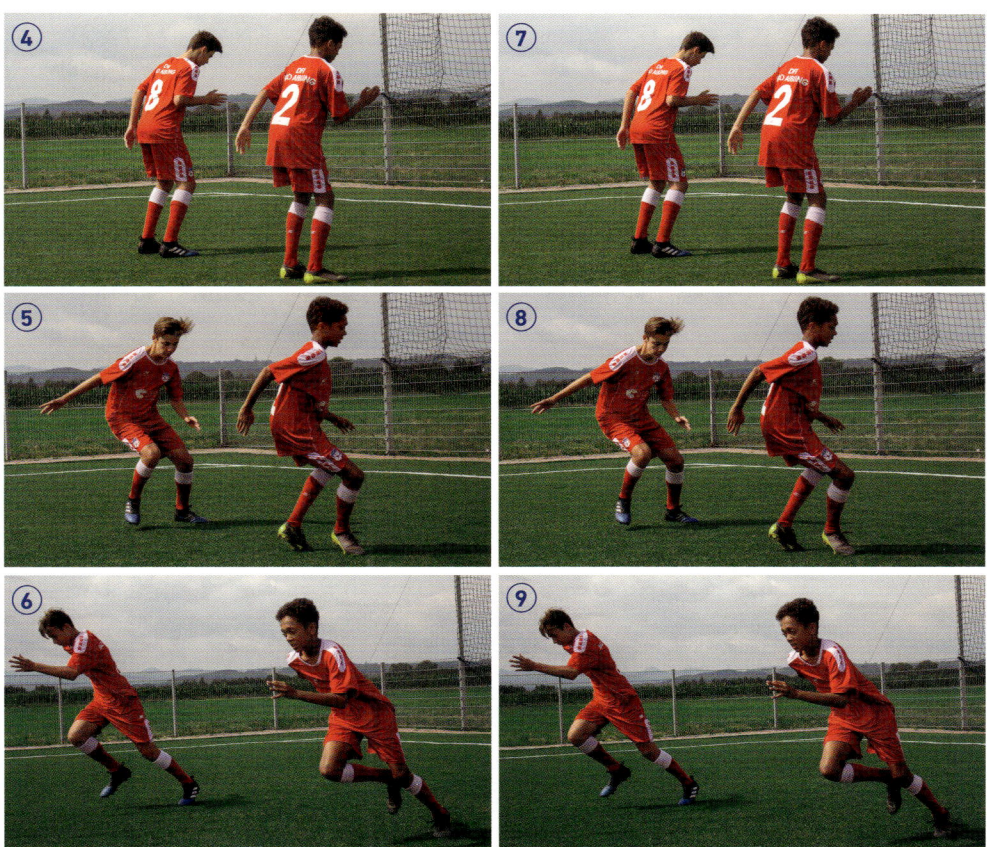

Reaktionsfähigkeit
Liniensprünge

Deine Füße stehen links neben der Linie. (1)
Springe mit beiden Beinen über die Linie nach rechts, lande aber nur auf dem rechten Bein. (2)
Springe sofort über die Linie zurück nach links, lande aber nur auf dem linken Bein. (3)
Beim nächsten Sprung nach rechts landest du wieder auf beiden Beinen. (4)
Du stehst jetzt wieder in der Ausgangsstellung (jetzt rechts) und beginnst von vorn.

👉 Fordere Dich

Wenn du dir die Reihenfolge eingeprägt hast, kannst du folgende Zusatzaufgaben einbauen:
• Zähle jeden Kontakt im 4er-Einmaleins (4, 8, 12, 16 ...).
• Sage deine Adresse und Telefonnummer auf.
• Zähle europäische Hauptstädte auf.

Du klopfst dir mit der Hand zunächst auf das Bein, welches Bodenkontakt hat. Anschließend klopfst du auf das Bein, welches keinen Bodenkontakt hat. Bei der Landung auf beiden Beinen kreuzt du die Hände und berührst die Schultern. Bei der Landung auf dem rechten Bein berührst du mit der rechten Hand die linke Schulter. Bei der Landung auf dem linken Bein berührst du mit der linken Hand die rechte Schulter.
Ändere die Reihenfolge der Schulterberührung, d.h. rechtes Bein, linke Hand, rechte Schulter usw.

Shuttle-Sprint

Stelle dich zwischen zwei verschiedenfarbige Hütchen (Abstand 10 Meter). Dein Trainingspartner oder Vater steht in der Mitte und hält zwei Hütchen dieser Farbe in der Hand. Je nach angezeigter Farbe startest du zu dem entsprechenden Hütchen, berührst es mit der Hand, sprintest zum anderen Hütchen, berührst es und sprintest zurück zur Ausgangsposition. (1)

👉 Fordere Dich

Um die Übung schwieriger zu machen, kann dein Trainingspartner die Farben erst verdeckt halten.
Ihr könnt die Übung auch zu zweit gleichzeitig ausführen. Die Hütchen werden in der Mitte angezeigt. Schwieriger wird es, wenn nur einer von euch beiden die Hütchen sehen kann und der andere auf die erste Auftaktbewegung reagieren muss. Wer ist schneller? (2)
Wiederhole diese Übung 6 bis 8 Mal mit maximaler Geschwindigkeit.

Ernährung und Schlaf

Basisernährung

Allgemein solltest du dich vielseitig ernähren und auf die Qualität der Nahrungsmittel achten. Je höher die Qualität eines Lebensmittels ist, desto mehr Nährstoffe enthält es. Je weniger ein Nahrungsmittel verarbeitet wurde, desto reichhaltiger und vollwertiger ist es.

Um deinen Wasserhaushalt im Gleichgewicht zu halten, solltest du mindestens 2 bis 3 Liter Wasser am Tag trinken, ganz egal ob Leitungs- oder Mineralwasser. Optimal ist es, wenn du mit einem Glas Wasser jeden Morgen in den Tag startest. Ein Mangel an Flüssigkeit kann deine körperliche und psychische Leistungsfähigkeit stark negativ beeinflussen. Trinke deswegen am besten den ganzen Tag verteilt immer wieder ein paar

Schlucke Wasser und warte nicht erst darauf, bis du Durst hast. Möchtest du mal etwas mit Geschmack trinken oder nach dem Sport deine entleerten Kohlenhydratspeicher wieder auffüllen, dann sind Fruchtsaftschorlen ideal, am besten im Verhältnis von zwei Dritteln Wasser zu einem Drittel Saft. Gezuckerte Limonaden oder Cola sind dafür überhaupt nicht geeignet. Der hohe Zuckeranteil macht diese Getränke zu einer Süßigkeit, die du hin und wieder mal genießen kannst, aber bitte nicht täglich.

Mehrmals täglich solltest du jedoch Obst und Gemüse essen. Dadurch gibst du deinem Körper viele Vitamine und wichtige Mineralstoffe, außerdem unterstützt du dein Immunsystem und bleibst gesund. Versuche auch hierbei möglichst unverarbeitete Lebensmittel zu essen und greife deshalb lieber direkt zu frischem Obst statt zu gesüßten Säften.

Vollkornprodukte liefern hochwertige Nährstoffe und dir als Sportler die Energie, die du brauchst. Reis, Kartof-

feln, Nudeln und Vollkornbrot sorgen dafür, dass du immer genug Power hast und auch länger satt bleibst. Auf deinem Teller sollten jedoch Nahrungsmittel wie Gemüse und Eiweißlieferanten wie Fisch, Fleisch, Quark, Käse oder Eier den größeren Anteil einnehmen. Die Sättigungsbeilagen wie Brot, Kartoffeln, Reis oder Nu-

deln sind nicht in zu großer Menge zu essen.

Zu den Eiweißlieferanten gehören neben Fisch, Fleisch und Eiern auch Milchprodukte. Eiweiß hilft dir Muskeln aufzubauen, die Milchprodukte geben deinen Knochen und Zähnen Kalzium und stärken sie. Milch, Käse oder Quark sollte daher täglich auf deinem Speiseplan stehen.

Fleisch ist auch ein guter Eiweißlieferant und versorgt deinen Körper mit Eisen, doch du benötigst es nicht täglich. 1 bis 2 Mal in der Woche solltest du auch Fisch essen, denn dieser enthält wichtige Nährstoffe, die dir Fleisch nicht geben kann. Achte beim Verzehr

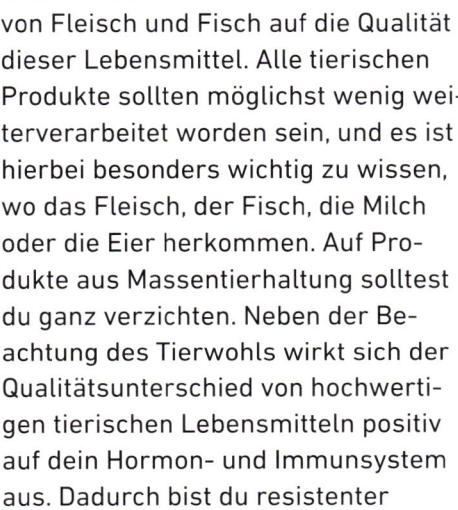

von Fleisch und Fisch auf die Qualität dieser Lebensmittel. Alle tierischen Produkte sollten möglichst wenig weiterverarbeitet worden sein, und es ist hierbei besonders wichtig zu wissen, wo das Fleisch, der Fisch, die Milch oder die Eier herkommen. Auf Produkte aus Massentierhaltung solltest du ganz verzichten. Neben der Beachtung des Tierwohls wirkt sich der Qualitätsunterschied von hochwertigen tierischen Lebensmitteln positiv auf dein Hormon- und Immunsystem aus. Dadurch bist du resistenter gegen Krankheiten, leistungsfähiger im Alltag und regenerierst deutlich schneller nach härteren Trainingseinheiten.

Fettes Essen solltest du nur in geringen Mengen essen, da Fett weit mehr Energie liefert als Kohlenhydrate und Eiweiß. Grundsätzlich solltest du pflanzliche Fette bevorzugen und tierische Fette stark reduzieren oder meiden. Eine Ausnahme bildet jedoch Fisch, der wertvolle Fettsäuren

enthält. Hierbei sind gerade Hering, Seelachs, Forelle und Makrele zu empfehlen. Auch Öle wie Oliven-, Lein- und Kokosöl oder Nüsse (Mandeln, Walnuss, Cashew) gehören auf deinen Speiseplan.

Wenn du dich gesund ernährst, wirst du deine Gesundheit und deine Leistungsfähigkeit verbessern! Jede Mahlzeit ist für dich eine Gelegenheit, deinem Körper neue Energie zuzuführen. Dein Speiseplan sollte deshalb zu 80% aus Nahrungsmitteln bestehen, die gut für dich sind. Die restlichen 20% können sich aus Lebensmitteln zusammensetzen, die vielleicht nicht gerade ideal sind, die du aber einfach gerne magst und mit denen dich deine Eltern oder Oma und Opa gerne verwöhnen.

Ernähre dich also zu 80% gesund und ausgewogen und mach dir wegen den verbleibenden 20% nicht zu viele Gedanken.

Tipps

- Iss immer viele unterschiedliche Farben an Obst und Gemüse!
- Frisches Obst und Gemüse -> IMMER!
- Täglich Milch, Käse oder Quark!
- Minimal verarbeitete Lebensmittel wählen!
- Sättigungsbeilagen (Brot, Kartoffeln, Reis, Nudeln) nur wenig!

- Mit Eiweiß und Gemüse stärken und sättigen!
- Auf gute Fette achten!
- 80/20-Regel (80% gesund)!

Ernährung vor der Belastung

Vor einer Trainingseinheit oder einem Spiel solltest du darauf achten, dass du keinen Hunger verspürst, du aber auch nicht das Gefühl hast, als hättest du einen ganz schweren Magen

und könntest dich nicht belasten. Achte darauf, dass du 2 bis 3 Stunden vor der sportlichen Belastung deine letzte größere Mahlzeit zu dir genommen hast. Diese sollte idealerweise vermehrt aus Kohlenhydraten (wie Nudeln, Kartoffeln, Reis oder Brot) bestehen, da diese dir die Energie geben, und weniger aus Fett.

2 Stunden vor der Belastung kannst du dich noch mit einer kleineren Mahlzeit (wie Dinkelbrötchen mit Quark, Banane, Hirsebrei oder Quark mit Früchten) stärken.

Achte immer darauf, dass du an Trainings- und Spieltagen gut frühstückst. Hierbei eignen sich Quark, Blaubeeren, Haferflocken, Müsli und Vollkornbrot besonders.

Ernährung während der Belastung

Während einer Trainingseinheit oder eines Spiels ist es genauso wichtig, dass du keinen Hunger hast, du aber auch voll leistungsfähig bist. Verzichte deshalb während eines Spiels auf feste Nahrung. Bananen sind sehr gut, da sie schnell verdaut werden.

Deine Flüssigkeitszufuhr sollte aus Wasser, Fruchtsaftschorlen oder Kohlenhydratgetränken bestehen. Auf Energydrinks solltest du ganz verzichten.

Ernährung nach der Belastung

Nach einer Trainingseinheit oder einem Spiel ist das Ziel, deine entleerten Speicher wieder mit guten Inhaltsstoffen aufzufüllen. Auch hierbei ist eine ausreichende Flüssigkeitszufuhr sehr wichtig. Um deine durch die Belastung beschädigte Muskulatur zu reparieren, sollte deine Nahrung nun aus Eiweiß und Kohlenhydraten bestehen (beispielsweise Kartoffeln mit Spinat und Ei).

Deine Regeneration wird durch eine gute Ernährung nach der Belastung beschleunigt. Fetthaltiges Essen und Alkoholkonsum verzögern die Wiederherstellungsprozesse in deinem Körper und erhöhen den Magnesiumverlust, was im nächsten Training oder Spiel zu einer schnelleren Ermüdung und zu Muskelkrämpfen führen kann. Alkohol bremst den Muskelaufbau und verlangsamt die Fettverbrennung, Alkohol ist allgemein für die Entwicklung deiner Leistungsfähigkeit schädlich und sollte von dir ganz gemieden werden.

Regeneration

Für die körperliche und mentale Erholung ist neben der Ernährung der Schlaf besonders wichtig. In der Schlafphase laufen viele Anpassungs- und Wiederherstellungsprozesse ab. Um deinen Körper perfekt an die erfolgten Trainingsreize anpassen zu können, aber auch um für die nächste Trainingseinheit oder das nächste Spiel wieder voll leistungsfähig und belastbar zu sein, brauchst du ausreichend Schlaf (mindestens 9 bis 10 Stunden pro Nacht). Zu kurzer oder unruhiger Schlaf beeinflusst Regenerationsvermögen und Leistungsfähigkeit negativ.

🔍 Tipps

- Gehe immer zur gleichen Zeit ins Bett!
- Stelle deinen Wecker immer auf die gleiche Zeit!
- Dimme dein Licht ca. 60 Minuten vor dem Schlafengehen!
- Vor dem Schlafengehen frische Luft ins Zimmer lassen!
- Vor dem Schlafen lesen!
- Am Abend keine koffeinhaltigen Getränke, keine Energydrinks!
- Iss direkt vor dem Schlafengehen nichts mehr und nicht nachts!
- Schalte ca. eine Stunde vor dem Schlafengehen dein Handy etc. ab!
- Verbanne Fernseher, Handy, Tablet vom Bett!

Danke!

An dieser Stelle wollen wir uns in guter Tradition bedanken. Zuerst natürlich bei dir, dafür, dass du aus der Flut von fast hunderttausend Neuerscheinungen pro Jahr ausgerechnet unser Buch herausgefischt hast. Wir sind sicher, dass wir dir damit das Handwerkzeug mit auf den Weg gegeben haben, das du brauchst, um ein besserer Fußballer zu werden. Auf diesem Weg wünschen wir dir viel Erfolg. Bleib dran, verfolge deine Ziele mit Leidenschaft und genieße deinen Weg auf den Fußballplätzen dieser Welt.

Ein großes Dankeschön gilt außerdem Tammo Klesse. Tammo hat die Bilder für dieses Buch geschossen, alle Videos gedreht und geschnitten. Er hat einen fantastischen Job gemacht. Ohne ihn wäre dieses Buch nicht das, was es heute ist, ein tolles mediales Lehrbuch für junge ambitionierte Fußballer.

Ein herzliches Dankeschön geht auch an alle Spieler, die Hunderte Schüsse, Tausende Pässe und Flanken geschlagen haben, um das perfekte Bild und die richtige Aufnahme in den Kasten zu bekommen. Vielen Dank Aaron Keller, Boipelo Mashigo, Daniel Eytam, Vedaant Nag, Lukas Blauensteine, Fabian Algrang, Luka Vujanic, Giovanni Pollio, Huey Stender, Marco Juffinger, Dominic Speer, Björn Fröhlich und Leif Schirmacher.

Bildnachweis

Alle Fotos und verlinkten Videos von Tammo Klesse (DFI, Bad Aibling)

Ergänzende Fotos:
S. 114 l.: Boris Trost/Pixabay, S. 114 r.: Kristen Kaethler/Unsplash, S. 15 l.o.: Hai Nguyen/Unsplash, S. 115 l.u.: Caroline Attwood/Unsplash, S. 115 r.: Wolfgang Eckert/Pixabay, S. 116 l.o.: S. Hermann & F. Richter/Pixabay, S. 116 l.u.: Nazar Hrabovyi/Unsplash, S. 117 l.: Gregory Culmer/Unsplash, S. 117 r.: Moritz Kindler/Unsplash, S. 118: RitaE/Pixabay

Bei diesem Buch wurden die durch das verwendete Material und die
Produktion entstandenen CO_2-Emissionen ausgeglichen, indem der
cbj Verlag ein Projekt zur Aufforstung in Brasilien unterstützt.
Weitere Informationen zu dem Projekt unter:
www.ClimatePartner.com/14044-1912-1001

Penguin Random House Verlagsgruppe
FSC® N001967

2. Auflage
© 2020 cbj Kinder- und Jugendbuchverlag
in der Penguin Random House Verlagsgruppe GmbH,
Neumarkter Str. 28, 81673 München
Alle Rechte vorbehalten
Lektorat: Knut Krüger
Umschlaggestaltung: Geviert, Grafik & Typografie, unter Verwendung
einer Fotografie von Shutterstock (Vitalii Demin, AVA Bitter, Vinko93)
aw · Herstellung: AJ
Satz: interconcept medienagentur, München
Druck: Alföldi Nyomda Zrt., Debrecen
ISBN 978-3-570-17736-5
Printed in Hungary

www.cbj-verlag.de

THiLO
Die Fußball-Tornados

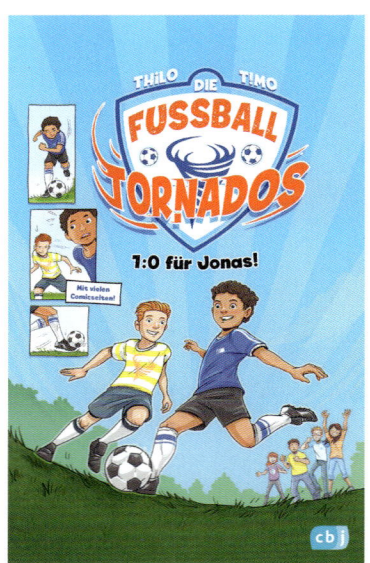

1:0 für Jonas
128 Seiten, ISBN 978-3-570-17732-7

Trainer gesucht!
120 Seiten, ISBN 978-3-570-17733-4

Jonas geht in die dritte Klasse einer Berliner Grundschule. Hier lebt und lernt eine bunte Mischung der Nationen. Das sorgt für jede Menge Konfliktstoff. Oft gibt es Streit und einmal sogar eine handfeste Prügelei nach Schulschluss. Jonas nervt das total. Er will, dass seine Klasse eine echte Gemeinschaft wird. Ein Thema gibt es, das sie alle verbindet: Fußball. Zusammen mit seinem Freund Kalil gründet Jonas kurzerhand einen eigenen Fußballverein, in dem jeder mitmachen darf. Für ihr erstes Spiel haben Jonas und Kalil sogar schon einen Gegner aufgetrieben, einen richtigen Fußballverein. Und um dort nicht sang- und klanglos unterzugehen, müssen alle Kicker der Klasse wie eine Eins zusammenstehen!

www.cbj-verlag.de

Sven Gerhardt

Mister Marple und
die Schnüfflerbande

Wo steckt Dackel Bruno?
Band 1, 160 Seiten,
ISBN 978-3-570-17643-6

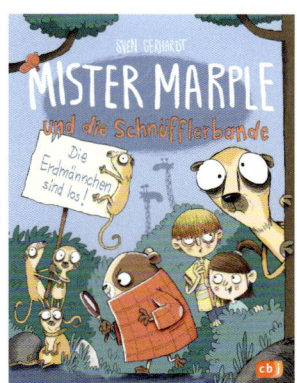

Die Erdmännchen sind los
Band 2, 160 Seiten,
978-3-570-17737-2

Die Schnüfflerbande, das sind Theo, Elsa und Hamster Mister Marple. Ihre Spezialität sind »tierische Angelegenheiten« aller Art, was nicht zuletzt Mister Marple zu verdanken ist, der für diese Fälle ein besonders feines Spürnäschen hat. Auch wenn Theo und Elsa total unterschiedlich sind, halten sie immer fest zusammen und können so fast jeden Fall lösen.

8416_2

www.cbj-verlag.de

Jory John/Mac Barnett

MILES & NILES

Hirnzellen im Hinterhalt
Band 1, 224 Seiten,
ISBN 978-3-570-16367-2

Schlimmer geht immer
Band 2, 224 Seiten,
ISBN 978-3-570-16442-6

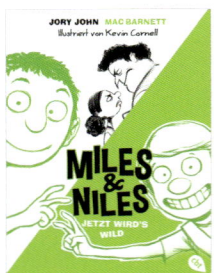

Jetzt wird's wild
Band 3, 224 Seiten,
ISBN 978-3-570-16467-9

Einer geht noch
Band 4, ca. 224 Seiten,
ISBN 978-3-570-17554-5

Im Streichespielen sind Miles & Niles die Größten.
Schon jeder für sich war ein Meister seines Fachs – aber jetzt, wo sie sich
zusammengeschlossen haben, sind sie ein unschlagbares Trickser-Duo!
Oder zumindest dachten sie das ...

cbj
www.cbj-verlag.de